Guttentag'sche Sammlung Deutscher Reichsgesetze.

Text-Ausgaben mit Anmerkungen.

28. Reichsgesetz, betr. die **Unfallversicherung der bei Bauten beschäftigten Personen.** Zweite Auflage. Unter Berücksichtigung der Rechtsprechung des Reichs-Versicherungsamts vollständig neu bearbeitet von **R. Chrzescinski,** Kaiserl. Regierungsrath und ständigem Mitglied des Reichs-Versicherungsamts. Herausgeber der ersten Auflage: **L. Mugdan,** Stadtrath. 1 M. 60 Pf.

29. Reichsgesetz, betr. die **Erwerbs- und Wirthschaftsgenossenschaften** nebst der Novelle vom 12. August 1896. Von **L. Parisius.** Siebente Auflage. 1 M. 25 Pf.

30. Reichsgesetz, betr. **Invaliditäts- und Altersversicherung.** Von Dr. **E. von Woedtke,** Director im Reichsamt des Innern. Fünfte Auflage. 2 M.

31. Reichsgesetz, betr. die **Gewerbegerichte.** Von **L. Mugdan.** Vierte Auflage. Bearbeitet von **Cuno,** Stadtrath und stellvertretender Vorsitzender der Gewerbegerichte zu Königsberg i. Pr. 1 M. 80 Pf.

32. Reichsgesetz, betr. die **Gesellschaften mit beschränkter Haftung.** Von **L. Parisius.** Dritte Auflage. 1 M.

33. Das **Vereins- und Versammlungsrecht** in Deutschland. Von Dr. **E. Ball,** Rechtsanwalt. 2 M. 25 Pf.

Zu beziehen durch jede Buchhandlung.
Verlag von **J. Guttentag,** G. m. b. H. in Berlin SW.48.

Guttentag'sche Sammlung
Nr. 22b. Deutscher Reichsgesetze. Nr. 22b.
Text-Ausgaben mit Anmerkungen.

Gesetz
zum
Schutz der Waarenbezeichnungen.

Nebst Ausführungsbestimmungen.

Text-Ausgabe mit Anmerkungen und Sachregister.

Von
Dr. jur. R. Stephan,
Kaiserlicher Regierungsrath.

Vierte vermehrte und verbesserte Auflage.

Fortführung der Erläuterung des Gesetzes über Markenschutz
von
Regierungsrath **T. Ph. Berger.**

Berlin SW. 48.
Wilhelmstraße 119/120.
J. Guttentag, Verlagsbuchhandlung,
G. m. b. H.
1899.

Inhalt.

Abkürzungen.

A. f. W. = Abtheilung für Waarenzeichen des Kaiserl. Patentamts.
Bl. = Blatt für Patent-, Muster- und Zeichenrecht, herausgegeben vom Kaiserl. Patentamt (Berlin, Carl Heymann's Verlag).
B.G.B. — R.G.B. = Bundes- — Reichsgesetzblatt.
Beschw.A. = Beschwerde-Abtheilung im Kaiserl. Patentamt.
Bolze, die Praxis des Reichsgerichts in Civilsachen.
C.P.O. = Civil-Prozeß-Ordnung.
H.G.B. = Handelsgesetzbuch.
Kom.Bericht = Bericht der Kommission des Reichstags.
Motive = Motive zu dem Entwurfe des Gesetzes.
O.H.G. (R.H.G.) — R.G. = Urtheil des Reichs-Ober-Handelsgerichts — Reichsgerichts.
R.G.O. = Reichs-Gewerbeordnung.
R.T.D. = Reichstags-Drucksachen.
St.G.B. = Strafgesetzbuch.
St.P.O. = Strafprozeßordnung.

Die Urtheile der Gerichte finden sich in den Sammlungen ihrer Entscheidungen.

Einleitung.

Das Waarenzeichen ist das Volapük des Welthandels.

Waarenzeichen ist das für eine Waare zum Zwecke ihrer Unterscheidung von anderen Waaren in Verwendung gebrachte Merkzeichen. Die Art der Verwendung der Zeichen, die Waarenbezeichnung, kann eine verschiedene sein, das Zeichen kann an der Waare selbst oder an ihrer Verpackung, Umhüllung, Aufmachung, Ausstattung oder auf Verzeichnissen, Ankündigungen der Waaren u. s. w. angebracht sein. Das Waarenzeichen soll den Ursprung, die Herkunft der Waare angeben. Da aber die Hervorbringung oder Herstellung einer Waare, d. i. jedes körperlichen Gegenstandes, der Tauschwerth besitzt, selbst wenn es sich um Rohprodukte, also um der Natur unmittelbar entlehnte Erzeugnisse handelt, immer menschlicher geistiger Thätigkeit bedarf, um der Waare für ihre Bestimmung einen besonderen, höheren Werth zu verleihen, so dient das Waarenzeichen dazu, ihr den Stempel ihrer Originalität aufzudrücken. Das Waarenzeichen kennzeichnet die Waare und schützt hierdurch die Urheberschaft und das Urheberrecht an der Waare. Das Zeichen dient also dem geistigen Eigenthum, um dasselbe zu charakterisiren und hierdurch zu schützen. Das Zeichen selbst ist niemals, und wäre es auch noch so fein erdacht, ein geistiges Erzeugniß, vielmehr erklärt nur den Zweck, den es erfüllen soll, die Zugehörigkeit des Waarenzeichenrechts zu den übrigen gewerblichen Urheberrechten.

Das Zeichen ist, sofern es zunächst die Eigenart der Herstellung der Waare charakterisiren soll, ein Fabrikzeichen, sofern es dem Handel dienen und förderlich sein soll, eine Handelsmarke. Auf alle Fälle dient das Zeichen in erster und letzter Linie zur Kennzeichnung der Waare, und deshalb empfiehlt es sich, den Begriff Fabrik- und Handelsmarke in der einheitlichen Bezeichnung „Waarenzeichen" aufgehen zu lassen.

Die hohe Bedeutung des Waarenzeichens für den Handel, namentlich für den Weltverkehr, liegt auf der Hand. Nicht allein gegenüber der Bequemlichkeit und Gutgläubigkeit des Publikums, sondern namentlich auch bei der Unkenntniß der fremden Sprache, wird jede weitere Prüfung der Angaben über Ursprung und Herkunft der begehrten und beliebten Waare entbehrlich, wenn nur letztere selbst, oder ihre Umhüllung oder Verpackung das eingebürgerte, vertrauenerweckende Zeichen trägt und sich im Großen und Ganzen gleichbleibt.

Waarenzeichen sind so alt, wie die Kunst und die Industrie selbst, deren Erzeugnissen sie dienen. So waren von Alters her die Zeichen in China und Japan, wie später in Griechenland und Rom in Gebrauch; namentlich waren es hier, nicht wie dort die aus Thier- oder Sternbildern bestehenden Zeichen, sondern Monogramme und Chiffren der Künstler und Handwerker, insonderheit der Bildhauer und der Töpfer, die ihre Schöpfungen mit derselben zu verewigen beabsichtigten. Auch in Deutschland hat das Zeichen schon frühzeitig eine wichtige Rolle gespielt, namentlich je mehr sich das Gewerbe zu einem Kunstgewerbe entwickelte. Es ist bekannt, daß bei den meisten Zünften jeder Geselle und jeder Meister, der zünftig werden wollte, bei seinem Eintritt in die Zunft ein von ihm gewähltes, von der Zunft anerkanntes oder von letzterer selbst ihm vorgeschlagenes Zeichen niederlegte und dies alsdann zeitlebens führen mußte. Die Zünfte der einzelnen Orte führten selbst wieder ihre eigenen Zeichen, unter denen die der Baseler Goldschmiede, der Nürnberger Metallarbeiter und der Straßburger Tuchmacher sich besonderer Beliebtheit und Anerkennung erfreuten. Die Zeichen vertraten damals gewissermaßen den heutigen Aichungsstempel.

In den Zünften der Steinmetzen, in den Bauhütten war den Zeichen eine besondere Bedeutung beigelegt. Nur durch Abgabe seines Zeichens erlangte der Eintretende die Mitgliedschaft, mit seinem Zeichen durfte und mußte er jeden von ihm behauenen Stein versehen. So sehen wir noch, daß jeder Stein in den Ruinen der Kaiserpfalz Friedrich Barbarossas in Gelnhausen (erbaut 1144), ein bestimmtes Zeichen desjenigen trägt, der ihn behauen und eingefügt hat.

So hoch der Werth war, den man dem Zeichen beilegte, so war derselbe doch nur ein idealer, er entbehrte insofern des realen Hintergrundes, als er keinen gesetzlichen Schutz genoß. Von einem Zeichenrecht kann erst die Rede sein, wenn ein solches thatsächlich anerkannt und geschützt ist.

Den Ursprung des Schutzes der Waarenzeichen, des Waarenzeichenrechts, finden wir in Frankreich. Aber auch hier war er anfänglich nur vereinzelt gewährt und als Monopol der Zünfte mißbraucht.

Auffallenderweise hat England erst in neuerer Zeit, und zwar unter dem Einflusse des deutschen Markenschutzgesetzes vom 30. Nov. 74 einen geregelten Marken- (Trades marks) Schutz erhalten, und zwar durch das Gesetz vom 13. August 75 (38 und 39 vict. cap. 91). Erst dieses Gesetz schreibt die Errichtung eines allgemeinen Zeichenregisters vor, während man bis dahin ein solches als zu weitschichtig verschmähte und nur den eingetragenen Zünften der Schwertfeger, Messerschmiede, Sporer und Instrumentenmacher von York, Kent und Middlesex die Eintragung ihrer Zeichen in die von ihnen geführten Zeichenrollen gestattete. Im Laufe der Zeit ist dem Zeichenschutz in England allerdings eine Bedeutung und Betonung namentlich gegenüber ausländischen Waaren aufgedrückt worden, die zu entsprechenden Gegenmaßnahmen herausfordert. So bestimmt das englische Handelsmarkenschutz-Gesetz von 1887, daß alle ausländischen Waaren, welche in England eingeführt werden sollen, an sich und nicht allein auf der Verpackung klar und deutlich die Bezeichnung des Ursprungslandes tragen, also mit der Aufschrift made in Germany, manufactured in France u. s. w. versehen sind, widrigenfalls die Waaren unnachsichtlich angehalten und eingezogen werden. So sind im ersten Jahre der Wirksamkeit des Gesetzes 3896 Sendungen zunächst nur angehalten worden. Liegt schon in dem mit der Beanstandung verbundenen Zeitverlust zumeist ein Verlust an Geld oder auch an Kundschaft, so läßt sich die obige Vorschrift von der genauen Herkunftsangabe oft überhaupt nicht ausführen, wie an Eisen- und Stahlwaaren kleineren oder schmalen Umfanges, z. B. Schrauben, Bohrern u. s. w. Die Vorschrift kommt somit einem Einfuhrverbot fast gleich. Welche Gründe zur Aufstellung derartiger Vorschriften Veranlassung auch gegeben haben mögen, immerhin erscheint die Inaussichtnahme reciproker Maßnahmen, wie sie das neue deutsche Gesetz in § 22 bringt, nur zu wohl begründet.

Der Ruhm, den ersten allgemeinen Schutz der Waarenzeichen aufgestellt zu haben, gebührt dem preuß. Landrecht, insofern es sowohl die fälschliche Bezeichnung von Waaren „von an sich untadelhafter

Güte" mit dem Namen oder Merkmale inländischer Fabrikanten oder Kaufleute, als auch die betrügliche Bezeichnung von Waaren von schlechterer Art oder Güte mit Zeichen oder Proben, die nur für Waaren von gewisser Art und Güte bestimmt sind, unter Strafe stellt (§§ 1451 u. 1445, II, 20, Allg. Landrecht).

Einen umfassenderen Schutz brachte für Frankreich das Gesetz vom 23. Germinal des Jahres XI (10. April 1804) dadurch, daß es die Anmeldung der Fabrik- und Handelsmarken vorschrieb und ihre mißbräuchliche Benutzung unter hohe Strafen stellte. Diese Strafbestimmungen (Art. 16 u. 17) sind später in den Code pénal (Art. 142) und von hier in die Strafgesetze des ganzen Kontinents übergegangen.

Durch Dekret vom 17. Dezember 1812 war das erwähnte Gesetz im Großherzogthum Berg, welches sich zur Zeit der französischen Herrschaft aus Theilen der jetzigen Regierungsbezirke Köln, Düsseldorf und Arnsberg zusammensetzte, eingeführt und später auch, als diese Länder mit Preußen dauernd vereinigt wurden, beibehalten worden.

Um hier in Preußen den Osten dem Westen gleichzustellen, erging das Gesetz vom 3. Juli 1818, welches allen Eisenhüttenbesitzern der östlichen Provinzen die Stempelung des Stabeisens mit einem vom Handelsministerium zuvor genehmigten Fabrikzeichen zur Pflicht machte.

Dieses Gesetz wurde jedoch ebenso wie das vorgedachte Dekret durch das (erste preußische) Gesetz

„zum Schutze der Waarenbezeichnungen" vom 4. Juli 1840 wieder aufgehoben, dafür wurden lediglich Strafbestimmungen gegen die fälschliche Bezeichnung von Waaren oder deren Verpackung mit dem Namen, der Firma und dem Wohn- oder Fabrikorte eines inländischen Fabrikanten oder Kaufmanns, sowie gegen das Inverkehrbringen solcher Waaren aufgestellt. Dieselben sind später in das preuß. und dann in das deutsche Strafgesetzbuch (§ 269 bezw. 287), schließlich mit Abänderungen auch in das Gesetz vom 30. Nov. 1874 (§ 14) und in das jetzige Gesetz (§ 14) aufgenommen worden.

Durch den rein strafrechtlichen Schutz, den das Gesetz von 1840 gewährte, war aber den rheinisch-westfälischen Industriellen nicht gedient; sie konnten auf den Schutz, den ihnen das französische Dekret von 1812 gebracht, nicht verzichten. In Folge dessen waren bereits durch Allerh. Erlaß vom 28. Mai 1842 die Bestimmungen des vorerwähnten Gesetzes, welches jenen Schutz beseitigt hatte, wieder aufgehoben, bis dann die durch das Gesetz vom 24. April 1854 ergänzte Verordnung vom 18. August 1847 einen umfassenden Schutz durch Anmeldung und Eintragung der zu führenden Fabrikzeichen in die Zeichenrollen, und zwar des Fabrikgerichts zu Hagen für die Provinz Westfalen und die Kreise Duisburg und Rees und der Gewerbegerichte zu Solingen und Remscheid für die Rheinprovinz mit Ausschluß der beiden genannten Kreise aufstellte. Der Schutz des

Gesetzes erstreckte sich aber ausdrücklich nur auf die Rheinprovinz und Westfalen, die östlichen Provinzen hatten den ihnen durch das Gesetz von 1818 gewährten endgültig verloren.

Abgesehen von diesem keineswegs vollkommenen Waarenzeichenschutz hatte in Deutschland nur noch Baiern eine gesetzliche Regelung desselben vorgenommen. Durch die Verordnung vom 6. März 1840 bezw. 21. Dezember 1862, waren nicht allein die inländischen „Fabrik- und Gewerbszeichen", falls dieselben in München beim Magistrat, oder sonst bei den Bezirksämtern eingetragen waren, sondern auch die ausländischen geschützt, sofern die gegenseitige Schutzgewährung anerkannt und in Baiern die Marke angemeldet war. Die übrigen deutschen Bundesstaaten beschränkten den Schutz nur auf die strafrechtliche Verfolgung.

Gegenüber einer so unzureichenden Berücksichtigung der Interessen und der wohlerworbenen Rechte der Industrie darf es nicht Wunder nehmen, wenn alsbald nach Neuerrichtung des deutschen Reichs an der Hand der Bestimmungen des Art. 4 der Reichsverfassung, welcher der Beaufsichtigung und Gesetzgebung des Reichs den Schutz des geistigen Eigenthums, also wie oben gezeigt, auch den des Waarenzeichenrechts unterwirft, in gewerblichen Kreisen die Herbeiführung eines Reichsgesetzes zum Schutz dieses Rechts begehrt und erstrebt wurde. So wurde bereits unter dem 12. Mai 1873 in den

Reichstag der Antrag eingebracht, baldmöglichst den Entwurf zu einem Gesetz über den Schutz der Fabrik- und Waarenzeichen vorzulegen. Der Antrag fand die Zustimmung des Reichstags. Seinen Wünschen gemäß wurde unter dem 29. Oktober 1874 der Entwurf eines Gesetzes über Markenschutz vorgelegt, der mit einigen unerheblichen, vom Plenum ohne Kommissionsberathung vorgenommenen Abänderungen unter dem 30. November 1874 als Gesetz über Markenschutz veröffentlicht wurde. Das Gesetz dehnte den Schutz der Namen und Firmen auf Zeichen aus und ordnete neben der strafrechtlichen Seite die an den Schutz sich knüpfenden Verhältnisse des bürgerlichen Rechts. Es bezielte in erster Reihe die Sicherung der Gewerbetreibenden gegen die mißbräuchliche Ausnutzung des ihren Waaren innewohnenden Vertrauens und nur nebenbei auch den Schutz des Publikums gegen die aus dem Mißbrauch sich ergebenden Täuschungen.

So segensreich auch die Wirkungen des Gesetzes in der Folgezeit insofern hervortraten, als dem handel- und gewerbetreibenden Publikum durch den ihm thunlichst erleichterten, von ihm auch vielfach nachgesuchten Markenschutz zuverlässige Mittel in die Hand gegeben waren, den von ihm erzeugten oder verhandelten, nunmehr unter dem Schutze eines besonderen charakteristischen, bald allgemein bekannt gewordenen Fabrik- oder Handelszeichens stehenden Waaren einen ebenso leichten als ausgedehnten Absatz zu verschaffen, andererseits auch Eingriffe in den durch die Eintragung geschaffenen Schutz mit Erfolg zurückzuweisen und zu verfolgen, so stellten sich doch allmählich auch Mängel ein, welche allgemein lebhaft empfunden, zu Verbesserungsvorschlägen Anlaß gaben, denen man sich an maßgebender Stelle nicht verschließen konnte. So wurde es als ein Uebelstand des Gesetzes bezeichnet, daß sein Schutz nicht allen Geschäftsleuten, sondern nur den Inhabern eingetragener Firmen zu Gute kam, ferner, daß es an einer übersichtlichen Verwaltung der eingetragenen Zeichen fehle, und somit sich nicht feststellen lasse, ob und wo ein Zeichen eingetragen, infolgedessen auch bei Zeichenverletzungen nur schwer der Nachweis der Kenntniß des Schutzes des mißbrauchten Zeichens zu führen sei; hierdurch werde aber der civil- und strafrechtliche Schutz des Zeichens schwer verfolgbar. Endlich sei beim Mangel einer materiellen Prüfung der angemeldeten Zeichen, namentlich auf ihre Uebereinstimmung mit anderen bereits geschützten Zeichen, die, wie z. B. Freizeichen, nicht schutzfähig, wohl aber eintragsfähig seien, Thür und Thor geöffnet. Auch trat das Bedürfniß immer stärker hervor, den im Geschäfts- und Handelsleben überhandnehmenden Uebergriffen in den wohlerworbenen Besitzstand eines Anderen durch fälschliche Herkunftsbezeichnungen der zu verhandelnden Waaren entgegenzutreten.

Alle diese Mängel zu beseitigen, liegt im Sinne des neuen Gesetzes. In dem durch das Patentgesetz vom 25. Mai 1877 ins Leben gerufenen Patentamt ist die berufenste Amtsstelle zur Entgegennahme und Prüfung der unter Schutz zu stellenden Waarenzeichen und zur Verwaltung eines Schutzes geschaffen worden, der immer mehr das ganze Gebiet des gewerblichen Eigenthums umschließen wird.

Das neue Gesetz nicht sowohl „über Markenschutz", als vielmehr „zum Schutze der Waarenbezeichnungen" wurde, im Entwurfe vom Bundesrath genehmigt, am 20. April 1893 vom Reichstag berathen und an eine besondere Kommission verwiesen. In Folge der Auflösung des Reichstags am 6. Mai dess. Jahres erlitt die Behandlung des Entwurfs eine Unterbrechung, jedoch von nur kurzer Dauer. Gegenüber der Wichtigkeit und Dringlichkeit der Vorlage erfolgte bereits am 25. Januar 94 seitens des neu einberufenen Reichstags die erste Lesung des Gesetzes und seine Ueberweisung an eine Kommission von 14 Mitgliedern; am 16. April erfolgte die zweite und am 19. April 94 die dritte Berathung und die Annahme des Gesetzes mit nur geringen seitens der Kommission vorgenommenen Abänderungen.

Indem das Gesetz die oben angeführten bisherigen Uebelstände thunlichst aufhebt, geht es über seinen Wirkungskreis, nämlich den Schutz der Waarenbezeichnungen, geflissentlich nicht hinaus.

Der von mehrfacher Seite unternommene Versuch, in das Gesetz auch Bestimmungen gegen auf Täuschung berechnete falsche Angaben über Ursprung, Beschaffenheit und Werth von Waaren aufzunehmen, ist von Regierung und Reichstag abgewiesen worden, da derartige Vorschriften nicht in den Rahmen des vorliegenden Gesetzes passen, sondern nur in einem Gesetz zur Bekämpfung des unlauteren Wettbewerbes Aufnahme finden können, wie solches zur nächsten Session vorbereitet wurde und später unter dem 27. Mai 1896 erlassen worden ist.

Vorwort zur vierten Auflage.

Nachdem das Gesetz zum Schutze der Waarenbezeichnungen über vier Jahre in Kraft steht, ist die Frage gerechtfertigt, wie sich dasselbe bewährt hat. Unbedenklich ist diese Frage zu Gunsten des Gesetzes zu bejahen. Schon Dank der Behandlung, welche es bei seiner Entstehung erfuhr, d. h. Dank der jetzt gepflogenen Uebung, die Gesetzentwürfe namentlich den Betheiligten, hier vornemlich den kommerziellen und industriellen Kreisen zur Abgabe gutachtlicher Aeußerungen und etwaiger Bedenken zugänglich zu machen, war anzunehmen, daß das Gesetz nach seiner endgültigen Feststellung bei seinem Erlaß eine sachverständige Beachtung finden würde. Diese Annahme hat sich wohl bestätigt. Wohl selten hat ein Gesetz der Gegenwart so geringe irgendwie erhebliche Angriffe erfahren, wie das bevorstehende. Wesentlich trägt allerdings zu dieser Thatsache seine überall zweckentsprechende Handhabung und Auslegung seitens der zuständigen Behörde bei, für welche die starke Inanspruchnahme des vom Gesetz gewährten Schutzes die beste Gewähr bietet. So sind in allgemein steigender Tendenz vom Tage des Inkrafttretens des Gesetzes (1. Oktober 1894) bis Ende 1897 im Ganzen 42 876 Waarenzeichen angemeldet worden, von denen 28 387 zur Eintragung gelangt sind.

Mögen seine trefflichen Wirkungen für Handel und Gewerbe, insbesondere unseres Vaterlandes, immer festeren Boden gewinnen.

Berlin, Martini 1898.

Dr. Stephan.

(Nr. 2174.)

Gesetz

zum

Schutz der Waarenbezeichnungen.

Vom 12. Mai 1894.

(R.G.Bl. 1894 Nr. 22, S. 441 ff.)

Wir **Wilhelm,** von Gottes Gnaden Deutscher Kaiser, König von Preußen rc.

verordnen im Namen des Reichs, nach erfolgter Zustimmung des Bundesraths und des Reichstags, was folgt:

§. 1.

Wer in seinem Geschäftsbetriebe zur Unterscheidung seiner Waaren von den Waaren Anderer eines Waarenzeichens sich bedienen will, kann dieses Zeichen zur Eintragung in die Zeichenrolle anmelden.

Wie nach dem bisherigen Gesetz über Markenschutz v. 30. Nov. 74 umschließt auch nach dem jetzigen Gesetz der „Schutz der Waarenbezeichnungen" den des Namens und der Firma, sofern die mißbräuchliche Benutzung des Namens oder der Firma mit der Bezeichnung von Waaren, deren Verpackung u. s. w. in Verbindung steht, auf dieselben sich bezieht. (Vgl. § 14 sowie Entsch.

O.H.G. v. 29. Okt. 78.) Der unbefugte Gebrauch einer Firma an sich ist im Handelsgesetzbuch (Art. 26 u. 27, später § 37), dann aber namentlich durch § 8 Ges. v. 27. Mai 96 zur Bekämpfung des unlauteren Wettbewerbes untersagt.

Während nach dem früheren Gesetz nur derjenige Gewerbetreibende, dessen Firma im Handelsregister eingetragen war, also der sogenannte Vollkaufmann (Art. 15 H.G.B.) zur Anmeldung von Waarenzeichen berechtigt war, steht dieses Recht nach dem jetzigen Gesetz Jedermann zu, der überhaupt ein Geschäft betreibt.

Somit haben dieses Recht auch sogen. Minderkaufleute, ferner Apotheker, Mineralquellenbesitzer und Mineralwasserhändler, Droguisten, Landwirthe, Gärtner, Weinbauer, Handwerker u. s. w.

Welcher Art das Geschäft ist, ist unerheblich, es muß aber immer einen Handel mit Waaren den Geschäftsbetrieb bilden. Unter Waare ist im Sinne dieses Gesetzes jede körperliche Sache von Tauschwerth, die in äußerlich erkenntlicher Weise mit dem Waarenzeichen versehen werden kann, zu verstehen.

Waarenzeichen ist das an Waaren, deren Verpackung oder Umhüllung u. s. w. (§ 14) zu dem Zwecke angebrachte Merkzeichen, um die Herkunft einer Waare aus einer bestimmten Fabrik oder einem bestimmten Geschäft anzugeben und hierdurch gleichzeitig die Waare von Waaren anderer Herkunft deutlich und sicher zu unterscheiden. (R.G. 3. Nov. 86. (E.C. 18, 85) u. 20. März 96 Bl. 96, 188.

Das Waarenzeichen kann ein Fabrik- oder Handelszeichen sein; vom Gesetz ist dieser Unterschied als belanglos nicht hervorgehoben.

Zeichen, die lediglich dekorative Zwecke haben oder gesetzlich vorgeschrieben sind, z. B. Stempelzeichen zur Angabe des Edelmetallgehalts oder Aichungszeichen, berührt das Gesetz nicht.

Ueber Zeichenrolle s. § 2.

Ob eine Etikette, d. h. die an einem Gegenstande zu seiner näheren Bezeichnung äußerlich angebrachte Aufschrift als ein Waarenzeichen anzusehen ist, bleibt im einzelnen Falle zu entscheiden. (R.G. 11. Febr. 80.) Prinzipiell soll es nicht unzulässig sein, Etiketten als Waarenzeichen anzumelden. Komm.Verhandl. S. 1426 Abs. 3. Die Beifügung der Firma auf der Etikette giebt noch keinen Grund, dieselbe als Bestandtheil der ebenfalls auf derselben angebrachten Marke zu betrachten.

Das zur Eintragung angemeldete Waarenzeichen muß an sich eintragungsfähig sein, es muß in sich Unterscheidungskraft besitzen, damit und sodaß es von anderen Waarenzeichen unterschieden werden kann. Als Waarenzeichen können daher wegen mangelnder charakteristischer Eigenschaft Punkte, Striche, Kreise, Ellipsen oder Wortbezeichnungen wie z. B. „deutscher Reichskäse" (Beschw.A. 8. Novbr. 95, Bl. 96, 16), „Deutsche Veilchenparfumerie" für Parfumerien, Droguen (Beschw.A. 19. Dezbr. 95, Bl. 96, 170), „Löwenbräu", „Litera" (Beschw.A. 18. Sept., 9. Novbr. 96, Bl. 96, 73) nicht angesehen werden. (A.f.W. 27. Novbr. 95 Bl. 97, 61). Aus demselben Grunde sind auch Zahlen, Buchstaben allein von der Eintragung gesetzlich (s. § 4, Nr. 1) ausgeschlossen. Das Waarenzeichen muß ferner gegenüber der von ihm zu kennzeichnenden Waare Unterscheidungskraft aufweisen. Letztere liegt nicht vor, wenn das Waarenzeichen in der Abbildung oder in der Benennung der zu kennzeichnenden Waare besteht, so z. B. das Bild eines Schreibtisches für Schreibtische, eines Zwirnwicklers für Zwirne (Bl. 97, 183 u. 212), oder „Karlsbader Salz", „Papirus" für die gleichnamigen Waaren. Endlich kommt die Unterscheidungskraft der angemeldeten Zeichen gegenüber anderen gleichen oder ähnlichen, eingetragenen oder nicht eingetragenen Zeichen in Betracht. Ersteren Falles erfolgt seine Prüfung auf Uebereinstimmung mit den genannten von Rechtswegen (§ 5), letzteren Falles fragt es sich, ob die beiderseitigen Zeichen nicht etwa sich in freiem, allgemeinem Gebrauche befinden und somit das angewendete Zeichen als Freizeichen die unterscheidungskräftige Eigenart nicht besitzen kann. Vgl. hierüber das zu Freizeichen § 4 Abs. 1 Gesagte.

Nach Maßgabe der Bestimmungen der R.Ges. v. 10. Juli 79 § 1 Abs. 2 und v. 19. März 88 § 2 gilt nicht sowohl das vorliegende Gesetz als vielmehr das hierauf gegründete einzelne Waarenzeichenrecht aus § 12 in den Konsulargerichtsbezirken sowie in den Schutzgebieten (Ostafrika, Südwestafrika, Kamerun, Togo, Kiautschau).

§. 2.

Die Zeichenrolle wird bei dem Patentamt geführt. Die Anmeldung eines Waarenzeichens hat schriftlich bei dem Patentamt zu erfolgen. Jeder Anmeldung muß die Bezeichnung des Geschäftsbetriebes, in welchem das Zeichen verwendet werden soll, ein Verzeichniß der Waaren, für welche es bestimmt ist, sowie eine deutliche Darstellung und soweit erforderlich eine Beschreibung des Zeichens beigefügt sein.

Das Patentamt erläßt Bestimmungen über die sonstigen Erfordernisse der Anmeldung.

Für jedes Zeichen ist bei der Anmeldung eine Gebühr von dreißig Mark, bei jeder Erneuerung der Anmeldung eine Gebühr von zehn Mark zu entrichten. Führt die erste Anmeldung nicht zur Eintragung, so werden von der Gebühr zwanzig Mark erstattet.

Am 1. Oktober 98 sind auch die bis dahin von den Handelsgerichten für Erneuerungen und Uebertragungen noch über den 1. Oktober 94 hinaus geführten Register endgültig geschlossen worden. (Vgl. § 24.)

Ueber die Verwaltung der Waarenzeichen s. die Verordnung zur Ausführung des Gesetzes zum Schutze der Waarenbezeichnungen u. s. w. v. 30. Juni 94 unten unter Ausführungsbestimmungen.

Die Anmeldung hat in Form eines Gesuchs schriftlich, nicht mündlich, auch nicht protokollarisch zu erfolgen, das Gesuch muß die Darstellung des Zeichens und eine Angabe der Waaren, für welche das Zeichen bestimmt ist, enthalten und vom Anmelder oder seinem bestellten Vertreter unterzeichnet sein. Das sind die wesentlichen Erfordernisse, ohne welche eine Anmeldung als vorliegend nicht anzusehen und in weitere Behandlung nicht zu nehmen ist. Ferner muß die Anmeldung die Bezeichnung des Geschäftsbetriebes, eine Darstellung und erforderlichen Falles eine Beschreibung des Zeichens enthalten und die erfolgte Einzahlung der Gebühr aufweisen. Ueber die Einreichung der Anmeldung und die Einzahlung der Anmeldegebühr sind erforderlichen Falles Bescheinigungen auszustellen.

Im Gegensatz zum früheren Gesetz sollen nicht die Waarengattungen, sondern die Waaren selbst, für welche das angemeldete Zeichen bestimmt ist, in der Anmeldung aufgeführt sein. Hiermit soll aber keine weitgehende Spezialisirung des Waarenverzeichnisses gemeint sein, es ist vielmehr, abgesehen von dem Falle, wo nur ganz bestimmte, einzelne Waaren mit dem Zeichen gekennzeichnet werden sollen, eine gruppenweise Zusammenfassung der Waaren sehr wohl angängig und oft geboten. (Vgl. auch Denkschrift des Patentamts v. 31. Jan. 96, Bl. 96 S. 89.) Nach Maßgabe des Waarenverzeichnisses erfolgt alsdann die Zuweisung der Anmeldung in die in Betracht kommende Waarenklasse. (Waarenverzeichniß s. Anhang Art. 4.)

Die Anmeldung eines Waarenzeichens zum Zwecke der Benutzung für mehrere Geschäftsbetriebe ist unzulässig. Andererseits können für einen Geschäftsbetrieb auch mehrere Waarenzeichen, sogar für dieselbe Waare, z. B. für das Inland und für das Ausland, angemeldet werden, weil eine Waare in verschiedenen Ländern mit verschiedenen Zeichen bekannt und beliebt sein kann.

Ueber die Art und die sonst. Erfordernisse der Anmeldung s. die Bestimmungen des Patentamts v. 21. Juli 94 unten unter Ausführungsbestimmungen.

Die Gebühren sind mit der Anmeldung fällig, vor Einzahlung derselben findet die Eintragung nicht statt, sofern dieselbe bei der bis zum 1. Okt. 98 noch zulässigen Uebertragung aus dem gerichtlichen Zeichenregister in die Zeichenrolle nicht unentgeltlich zu erfolgen hatte. (§ 24.)

Ueber Geschäftsbetrieb und über Waaren s. das zu § 1 Gesagte.

Ueber Erneuerungsgebühr s. § 8 Abs. 3.

§. 3.

Die Zeichenrolle soll enthalten:

1. den Zeitpunkt des Eingangs der Anmeldung;
2. die nach §. 2 Absatz 1 der Anmeldung beizufügenden Angaben;
3. Namen und Wohnort des Zeicheninhabers und seines etwaigen Vertreters, sowie Aenderungen in der Person, im Namen oder im Wohnorte des Inhabers oder des Vertreters;
4. den Zeitpunkt einer Erneuerung der Anmeldung;
5. den Zeitpunkt der Löschung des Zeichens.

Die Einsicht der Zeichenrolle steht jedermann frei.

Jede Eintragung und jede Löschung wird amtlich bekannt gemacht. Das Patentamt veröffentlicht in regelmäßiger Wiederholung Uebersichten über die in der Zwischenzeit eingetragenen und gelöschten Zeichen.

Ueber Einrichtung und Führung der Zeichenrolle vgl. Kaiserl. Verordn. v. 30. Juni 94 (§ 8) und 11. Juli 91 (§§ 4, 6, 8—11, 13, 14, 25—30), sowie die Bestimmungen des Patentamts über die Anmeldung von Waarenzeichen v. 21. Juli 94 unten unter Ausführungsbestimmungen.

Jede eingehende Anmeldung wird mit dem Datum (Tag, nicht Stunde) ihres Eingangs sowie mit einer laufenden Geschäftsnummer versehen. Von mehreren gleichzeitig eingehenden Anmeldungen gilt diejenige als später eingegangen, welche die höhere Geschäftsnummer trägt. Als Eingangstag gilt derjenige Tag, an welchem die Anmeldung mit ihren wesentlichen Erfordernissen, d. h. mit dem später zur Eintragung angemeldeten Zeichen und dem zugehörigen Waarenverzeichniß versehen, eingereicht war. Uebrigens wird auch der Tag der Eintragung selbst in die Rolle eingetragen, weil erst von diesem ab die Wirkungen des Zeichenrechts beginnen. (§ 12.)

Ueber Erneuerung und Löschung des Zeichens vgl. §§ 8 u. 9.

Die Eintragung in die Zeichenrolle erfolgt erst nach endgültiger Erledigung der Prüfung und Anerkennung der Anmeldung.

Das Benutzungsrecht (Licenz) oder Mitbenutzungsrecht an einem Zeichen z. B. bei Verpachtung oder Theilung des Geschäftsbetriebes stellt keine Aenderung in der Person des Zeicheninhabers dar und wird daher in die Rolle nicht eingetragen, ebensowenig wie eine etwaige Pfändung des eingetragenen Zeichens, welch' letztere überhaupt nicht angängig erscheint, da das Zeichen mit dem Geschäftsbetrieb untrennbar verbunden (§ 7 Abs. 1), eine Pfändung des letzteren aber nicht denkbar ist.

Die Uebertragung des Zeichens (einschließlich des Geschäftsbetriebes § 7) berechtigt den neuen Inhaber, den Vermerk in der Zeichenrolle eintragen zu lassen, auch ohne Zustimmung des bisherigen Inhabers. Andererseits genügt der Antrag des letzteren allein nicht, es muß die Einwilligung des neuen Inhabers hinzutreten.

Ueber Vertretung des Anmelders und des Inhabers vgl. § 23 Abs. 2. Nach feststehender Praxis des Patentamts wird nach vorbildlicher Handhabung des Patentgesetzes nur der nach dem Gesetz nothwendiger Weise zu bestellende Vertreter, d. i. der Vertreter des im Auslande wohnenden in- oder ausländischen Zeicheninhabers, in der Rolle eingetragen.

Der Vertreter muß nach § 28 Kaiserl. Verordn. v. 11. Juli 91 eine großjährige Person sein, also eine solche, die sich nach § 52 C.P.O. durch Verträge verpflichten kann, und die auf ihn ausgestellte Vollmacht muß auf seinen bürgerlichen Namen lauten. Firmen als solche sind also von der Vertretung ausgeschlossen.

Für die Vollmacht empfiehlt sich eine thunlichst kurze und klare Fassung. Vgl. Bl. 94/95, S. 303.

Die Aenderung in der Person des Zeicheninhabers oder seines Vertreters muß zum Zwecke der Eintragung in beweisender Form zur Kenntniß des Amts gebracht werden, sonst bleiben der bisherige Inhaber und sein etwaiger früherer Vertreter berechtigt und verpflichtet. Als beweisende Form ist gerichtliche oder notarielle, für eine Unterschrift aus dem Auslande konsularische Beglaubigung erforderlich; für die event. zwischenliegenden Unterschriften aus dem Auslande genügt irgendwelche, auch polizeiliche Beglaubigung, nur muß die dieselben zuletzt bestätigende Unterschrift des öffentlichen Beamten diplomatisch beglaubigt sein.

Inländische öffentliche Urkunden bedürfen zum Gebrauche im Inlande keiner Beglaubigung, ausländische öffentliche Urkunden aber der Legalisation durch den Konsul oder Gesandten des Reichs. Vgl. Gesetz, betr. die Beglaubigung öffentlicher Urkunden, v. 1. Mai 78 R.G.B. 89 und C.P.O. §§ 380 ff. u. 402 ff. Uebrigens wird die Urkunde nur auf ihre formelle und inhaltliche Deutlichkeit und Vollständigkeit, nicht auch auf die Rechtsgültigkeit des zu Grunde gelegten Aktes, geprüft.

Ueber Form und Inhalt der Bekanntmachung vgl. Bestimmungen über die Anmeldung von Waarenzeichen v. 21. Juli 94 unten unter Ausführungsbestimmungen. Die in der Rolle nach ihrer Nummer erfolgten Eintragungen der Zeichen werden ebenso wie ihre Umschreibungen, Löschungen und Berichtigungen zweimal wöchentlich im Reichsanzeiger (Beilage: Central-Handelsregister) bekannt gemacht. Allmonatlich werden die Bekanntmachungen noch im „Waarenzeichenblatt" veröffentlicht.

Die Kosten des Abdrucks werden — neben den Kosten für Porto, Belagblatt, Zeichenstock und Verpackung — nach dem Raum berechnet. Vgl. auch § 5 vorgen. Bestimmungen.

Abschriften und Auszüge aus der Zeichenrolle und der der Eintragung zu Grunde gelegten Eingaben und Verhandlungen kann das Amt nach seinem Ermessen bei Nachweis rechtlichen Interesses und genügender Legitimation an Jedermann gegen Einzahlung der Kosten ertheilen. Vgl. § 8 Kaiserl. Verordn. v. 30. Juni 94 unten unter Ausführungsbestimmungen.

§. 4.

Die Eintragung in die Rolle ist zu versagen für Freizeichen, sowie für Waarenzeichen,

1. welche ausschließlich in Zahlen, Buchstaben oder solchen Wörtern bestehen, die Angaben über Art, Zeit und Ort der Herstellung, über die Beschaffenheit, über die Bestimmung, über Preis-, Mengen- oder Gewichtsverhältnisse der Waare enthalten;
2. welche in- oder ausländische Staatswappen oder Wappen eines inländischen Ortes, eines inländischen Gemeinde- oder weiteren Kommunalverbandes enthalten;
3. welche Aergerniß erregende Darstellungen oder solche Angaben enthalten, die ersichtlich den thatsächlichen Verhältnissen nicht entsprechen und die Gefahr einer Täuschung begründen.

Zeichen, welche gelöscht sind, dürfen für die Waaren, für welche sie eingetragen waren, oder für gleichartige Waaren zu Gunsten eines anderen, als des letzten Inhabers erst nach Ablauf von zwei Jahren seit dem Tage der Löschung von Neuem eingetragen werden.

Wie die neuere Gesetzgebung die Aufstellung von Begriffsbestimmungen überhaupt geflissentlich vermeidet, dieselbe vielmehr der Praxis und Rechtsprechung überläßt, so ist auch der Begriff „Freizeichen“ im jetzigen Gesetz nicht definirt; das frühere Gesetz (§ 10 Abs. 2) erklärte als Freizeichen solche Waarenzeichen, welche zuvor, also bis zu seinem Inkrafttreten, im freien Gebrauche aller oder gewisser Klassen von Gewerbetreibenden sich befunden hatten. Die Motive erläuterten den Begriff von Freizeichen noch dahin: es seien vielfach

Waaren mit Zeichen versehen, welche von alters her für diese Waare in Gebrauch sich befinden, eine weitere Bedeutung aber nicht mehr besitzen. Bei anderen Waaren seien Zeichen allgemein üblich, welche hergebrachterweise bestimmte Qualitäts- und Größenverhältnisse bekunden, endlich gebe es noch Zeichen, welche die Herkunft der Waare aus einem bestimmten Orte oder Bezirke erkennbar machen und demgemäß nur von den dort wohnenden Gewerbetreibenden gebraucht werden; der auf solchen meist alterthümlichen Observanzen beruhende Gemeingebrauch gewisser Zeichen dürfe zu Gunsten der Interessenten einzelner Gewerbetreibenden keine Störung erleiden.

Da nun das frühere Gesetz eine Prüfung der angemeldeten Waarenzeichen nur auf ihre absolute Eintragsfähigkeit im Sinne des § 3 kannte, jede materielle Vorprüfung namentlich durch Vergleichung mit anderen gleichartigen Zeichen aber unterließ, so konnte in dasselbe auch nur eine dahingehende Bestimmung aufgenommen werden, daß die nicht zu verhindernde Eintragung eines Freizeichens wenigstens ein Recht nicht begründe (§ 10 früh. Ges.). Dank der durch das jetzige Gesetz gebrachten Vorprüfung der angemeldeten Zeichen, namentlich unter Berücksichtigung anderer eingetragener oder u. U. auch nicht eingetragener Zeichen, konnten die Freizeichen als eo ipso nicht eintragsfähig ausdrücklich bezeichnet werden.

Der Begriff Freizeichen hat im Laufe der Rechtsprechung durch das Erkenntniß des Reichsgerichts vom 19. Oktober 1889 in dem bekannten Sensenzeichenprozeß steierischer Fabrikanten gegen westfälische Fabrikanten eine grundlegende Bestimmung erhalten. Demnach sind Freizeichen erfahrungsmäßig in der Regel von alters her gebrauchte Zeichen, die nicht den Zweck haben, die Waare eines bestimmten Gewerbetreibenden von der eines Andern zu unterscheiden, sondern die entweder gar keinen Zweck oder nur die Bestimmung haben, eine ganze Waarengattung, Qualität, Größenverhältnisse, Herkunftsort für alle Hersteller der Waare und deren Abnehmer zu bezeichnen. Dagegen verwandelt die widerrechtliche, wenngleich ungeahndet gebliebene, Benutzung der Marke eines Andern (Individualmarke) letztere noch nicht in ein Freizeichen. Vgl. auch Entsch. R.G. vom 11. Januar 1881. Ebensowenig enthält die Verbindung eines Freizeichens mit einem Worte oder Namen, sofern es letztere beherrscht, so wenig Eigenartiges, daß dieselbe als ein eintragsfähiges Waarenzeichen nicht angesehen werden kann. R.G. 16. Dez. 93.

Dieser Ansicht des Reichsgerichts hat sich das Patentamt im allgemeinen angeschlossen. Nach wie vor bilden zwei Thatsachen die unerläßlichen Voraussetzungen für die Annahme eines Bild- oder Wortzeichens als Freizeichen. Einmal muß das Zeichen im allgemeinen Gebrauche stehen, andererseits muß der Gebrauch ein freier sein, d. h. er darf sich zu einem solchen nicht gegen den klar und ausdrücklich ausgesprochenen Willen desjenigen, der ein Sonderrecht an dem Zeichen beansprucht, entwickelt haben. In Betracht für die Freizeicheneigenschaft kommt natürlich die Anwendung des Zeichens immer nur für eine bestimmte Waarengattung, deren einzelne ihr zugehörigen Arten als untereinander gleichartig anzusehen sind. (Ueber Gleichartigkeit vgl. das zu § 5 Abs. 1 Gesagte.) Ein allgemeiner Gebrauch wird nur dann immer schon als vorliegend anzunehmen sein, wenn zwar nicht alle, so doch die große Mehrzahl der Gewerbetreibenden, Fabrikanten oder Händler dasselbe Zeichen zur Kennzeichnung der in Betracht kommenden Waaren angewendet haben. Hat daher ein Zeichen ursprünglich sich zwar im Sonderbesitz eines Einzelnen befunden, so hat es sich trotzdem zum Freizeichen ausbilden können, wenn es vielfach anderweitig verwendet worden ist, und die Betheiligten sich infolgedessen nicht mehr auf das

Zeichen allein verlassen haben. Eine wenn auch vielleicht unbeabsichtigte Förderung der Ausbildung eines Zeichens zum Freizeichen seitens des ursprünglichen Alleinbesitzers wird dann vorliegen, wenn er selbst öffentlich oder privatim darauf hinweist, daß nicht mehr das Zeichen allein, sondern seine von ihm vorgenommene weitere Ausgestaltung (z. B. durch Beifügung der Firma) das kennzeichnende Merkmal für die Waare sei. Aber auch wenn der Anmeldende eines als Freizeichen in Frage kommenden Waarenzeichens in rechtlicher und thatsächlicher Hinsicht alles gethan hat, um sein Sonderrecht an dem Zeichen zur allgemeinen Geltung und Beachtung zu bringen, so würde doch die Feststellung des Zeichens als Freizeichen unvermeidlich sein, wenn es ihm nicht gelungen wäre, seinem Sonderrechte allgemeine Geltung zu verschaffen und namentlich das kaufende Publikum von der Ansicht abzubringen, daß das Zeichen nur zur Bezeichnung einer bestimmten Waarensorte diene.

Mit Rücksicht auf die Ausschließung der Wortzeichen von der Eintragung nach dem früheren Gesetz ist für den vermeintlichen Sonderberechtigten sein Bestreben stets mit Schwierigkeiten verbunden gewesen, seinen Besitzstand an dem Zeichen bis zu dessen nunmehr zulässigen Eintragung zur Geltung zu bringen. (Vgl. P.A. B.A. Bl. 97 S. 103 ff. und 261 ff.) Zu Freizeichen sind u. A. endgültig erklärt worden: Posthorn für Nadeln, Chokolademädchen für Chokolade und Cacao, Männer für Eisen- und Stahlwaaren, Rothes Kreuz für pharmazeutische Stoffe, Diamant für Petroleum, „Humboldt" für Stahlfedern, „Marie" für Briquets, „Merkur" für Schlittschuhe, „Nordlicht" für Spirituosen.

Ob im einzelnen Falle das angemeldete Zeichen als ein Freizeichen im Sinne des Gesetzes anzusehen ist, ist erforderlichen Falles durch Vernehmung von Zeugen und Sachverständigen oder Nachfrage bei Behörden, Handelskammern, Berufs-Genossenschaften, Fachvereinen zu entscheiden. Maßgebend für diese Prüfung ist immer der Tag der Anmeldung des Zeichens zur Zeichenrolle, war das Zeichen bereits gerichtlich eingetragen, dann der Tag der Anmeldung zum Zeichenregister. Der rechtliche und thatsächliche Zustand zu diesem Zeitpunkte bildet die Grundlage der Feststellung der etwaigen Freizeicheneigenschaft. (Vgl. P.G. B.G.Bl. 97 S. 186 u. 96 S. 64.)

Zahlen, Buchstaben und Wörter waren überhaupt nach dem früheren Gesetz (§ 3 Abs. 2) aus dem Grunde nicht schutzfähig, weil sie Zeichen darstellen, welche ihrer Entstehung und Bedeutung nach dem allgemeinen Gebrauche angehören und demselben zu Gunsten einzelner Gewerbetreibender nicht entzogen werden sollten. Das Verbot zu Nr. 2 erstreckte sich auf Zahlen, Buchstaben und Wörter der vorgen. Art in jeder Sprache, auch wenn dieselben zwar nicht allein das Zeichen, wohl aber die Hauptsache in dem Zeichen bildeten. (R.G. 9. Oktober 1883.) Nach dem Vorgange anderer Gesetzgebungen sind nunmehr einzelne Wörter (sogen. Phantasiewörter), die entweder frei erfunden sind oder zu der Waare und ihren Eigenschaften, namentlich was Art, Zeit und Ort ihrer Herstellung, Preis-, Mengen- und Gewichtsverhältnisse der Waaren betrifft, in keiner begrifflichen Beziehung stehen, eintragsfähig. (Motive.)

Das angemeldete Waarenzeichen soll nicht ausschließlich aus Zahlen, Buchstaben oder Worten oder aus Angaben der genannten Art bestehen. Es ist daher eine Vereinigung dieser Bestandtheile wohl statthaft, umsomehr als hierdurch oft ein recht charakteristisches Zeichen geschaffen werden kann. Uebrigens war bereits nach dem bisherigen Gesetz ein Waarenzeichen, das aus einem mit einer Einfassung oder Verzierung umgebenen Worte bestand, dann schutzfähig, wenn diese Verzierung neben dem Worte als eine figürliche Darstellung und nicht als eine rechtlich indifferente Umgrenzung anzusehen war. Dagegen sollten in der Hauptsache aus Zahlen, Buchstaben und Worten bestehende Waarenzeichen dadurch nicht eintragsfähig werden, daß denselben ein unbedeutendes, nicht in die Augen fallendes figürliches Zeichen beigefügt war. (R.G. 11. Febr. 82 u. 9. Okt. 83.) Wohl aber waren und sind sogen. Kombinationszeichen, d. h. Waarenzeichen, die aus der Kombinirung einer Figur mit Worten, auch mit einem Namen oder einer Firma bestehen, als einheitliche Zeichen zulässig.

Das angemeldete Waarenzeichen soll nicht Angaben über Art, Zeit, Ort der Herstellung, Beschaffenheit der Waare u. s. w. enthalten. Wohl sind Andeutungen, die immerhin eine Beziehung des Zeichens zur Waare gestatten, zulässig. So sind Worte wie Kaiser, König, Sultan, Mikado, ferner Krone, Perle, Diamant, sowie Gloria, Viktoria, Triumph, Matador, Herkules, Champion als schutzfähige Zeichen noch zuzulassen, weil die in ihnen allerdings unverkennbar liegende rühmende Beschaffenheitsangabe durch das andererseits hinzutretende Moment phantasievoller Wahl und willkürlicher Erfindung überwogen wird. Dagegen sind Worte, welche eine hervorragend gute Beschaffenheit der Waare nur ausdrücken können und somit auch sollen, wie z. B. Ideal, Extra, Pompös, Non plus ultra, nicht eintragsfähig. (Bl. 94/95 S. 233, 275, 306, 96 S. 171.)

Die Art der Herstellung wird mit Beschaffenheit häufig zu identifiziren sein, wird doch letztere durch erstere zumeist bedingt. Unter Beschaffenheit ist nicht allein die innere, der Gehalt der Waare, sondern auch das äußere Aussehen, namentlich auch die Farbe derselben zu verstehen. Somit sind Würfelzucker, Blockchokolade, Stangenpomade oder Ebonit (für Anilinfarben), Abtsystem (für Eisenbahnbedarfsstücke), Schnellhefter (für Sammelmappen) nicht schutzfähig. (Bl. 97 S. 231, 265, 262.)

Die in dem Zeichen liegende Angabe des Ortes der Herstellung der Waare schließt dasselbe von der Eintragung aus, sofern nur kein Zweifel besteht, daß die Waare thatsächlich in dem angegebenen Orte ihre Herkunft hat.

Bestimmungsangaben enthalten z. B. die Worte: Orateur (für Bonbons und Pastillen) Bl. 97, 193, Schnellhefter (für Sammelmappen) Bl. 97, 262, Matrosenschluck (für Branntwein) Bl. 97, 252 u. A. m. Immer muß jedoch die Bestimmungsangabe als ernstlich gemeint aufgefaßt werden können.

Werden Preis-, Mengen- und Gewichtsverhältnisse der Waare durch das Zeichen angegeben, dann kann letzteres an und für sich Unterscheidungskraft nicht gewinnen.

Während nach dem früheren Gesetz (§ 3 Abs. 2) nur „öffentliche Wappen" von der Eintragung ausgeschlossen, und unter diesen nur inländische zu verstehen waren, aber immer nur Wappen in ihrer heraldischen Gestaltung (O.H.G. 10. Dez. 1878, R.G. 21. Dez. 1880 u. 19. Jan. 1888), sollen jetzt auch ausländische Staatswappen wenigstens ohne Zustimmung der zuständigen Staatsautorität zum Schutze nicht zugelassen werden. Ebensowenig kann ein solches Wappen, auch wenn es im Auslande als Waarenzeichen geschützt ist, in die deutsche Zeichenrolle eingetragen werden. Vgl. das zu § 23 Abs. 3 Gesagte.

Jede Verbindung eines Zeichens mit öffentlichen Wappen, auch wenn letztere in dem Zeichen nur von untergeordneter Bedeutung sind, ist unzulässig (R.G. v. 28. April 1884). Eine Gemeinde kann auch ihr eigenes Wappen nicht eintragen lassen. Die Eintragung eines auch fremden Privatwappens ist nicht zu versagen, unbeschadet des Einspruchs des Eigenthümers des Wappens gegen eine derartige Benutzung.

Der Gebrauch des Reichsadlers ist zwar nach dem Erlaß vom 16. März 1872 R.G.B. 90 zur Bezeichnung von Waaren und Etiketten, jedoch nicht in der Form eines Wappenschildes gestattet, durch diese Bestimmung ist jedoch die Verwendung des Reichsadlers für ein einzutragendes Waarenzeichen nicht erlaubt.

Unter Darstellung ist nicht allein figürliche, sondern auch wörtliche zu verstehen. Aergernißerregung ist im weitesten Sinne zu nehmen, nicht allein als ein Verstoß gegen das Gefühl der Sitte, sondern auch des Anstandes, der Religion, des politischen oder nationalen Empfindens.

Waarenzeichen, die unwahre, die Gefahr einer Täuschung begründende Angaben enthalten, sind im Falle ihrer Eintragung von Amtswegen oder auch auf Antrag Dritter (§§ 8 u. 9 Abs. 3) zu löschen. Vgl. auch hier das zu § 23 Abs. 3 Gesagte.

Eine Täuschungsgefahr liegt vor, wenn das Zeichen durch seinen bildlichen oder klanglichen Eindruck Annahmen und Schlüsse herruft, welche auf unrichtigen Voraussetzungen beruhen, so z. B. wenn es eine bekannte Firma abgekürzt oder fingirt oder einen fremden Namen, der mit der Herstellung der Waare in Verbindung gebracht werden kann, unbefugterweise enthält, oder wenn z. B. Wortzeichen für Weine angemeldet werden, die sich an üblichen Namen von Weinbergslagen anlehnen, ohne mit diesen etwas gemein zu haben (Bl. 97 S. 254, 211 u. 216), oder wenn das Zeichen im Wesentlichen fremdsprachliche Ausdrücke oder Sätze enthält, sodaß der Eindruck hervorgerufen wird, die mit dem Zeichen gekennzeichnete Waare sei, den Thatsachen entgegen, in dem zugehörigen fremdsprachlichen Lande hergestellt.

Mit Rücksicht darauf, daß wiederholt Waarenzeichen, deren rechtzeitige Erneuerung verabsäumt worden war (z. B. die schwarze Hand der Kaiserl. Tabaksmanufaktur in Straßburg), von einem Dritten zur Anmeldung gebracht worden sind, ist die Bestimmung des Abs. 2 getroffen worden, die sich übrigens nicht auf das frühere, sondern auf das jetzige Waarenzeichengesetz und die seit seiner Herrschaft eingetragenen Zeichen bezieht.

Unter dem „letzten Inhaber" ist auch der Rechtsnachfolger zu verstehen, auf welchen das eingetragene Zeichen durch Gesetz, Vertrag oder Erbgang nach Maßgabe der Vorschriften des § 7 übergegangen ist, auch wenn er nicht in die Zeichenrolle eingetragen sein sollte. Die Frage, ob ein ausdrücklicher Verzicht des bisherigen Inhabers des gelöschten Zeichens auf sein Verbietungsrecht zulässig ist, wird unbedenklich zu bejahen sein.

§. 5.

Erachtet das Patentamt, daß ein zur Anmeldung gebrachtes Waarenzeichen mit einem anderen, für dieselben oder für gleichartige Waaren auf Grund des Gesetzes über Markenschutz vom 30. November 1874 (Reichs-Gesetzbl. S. 143) oder auf Grund des gegenwärtigen Gesetzes früher angemeldeten Zeichen übereinstimmt, so macht es dem Inhaber dieses Zeichens hiervon Mittheilung. Erhebt derselbe nicht innerhalb eines Monats nach der Zustellung Widerspruch gegen die Eintragung des neu angemeldeten Zeichens, so ist das Zeichen einzutragen. Im anderen Falle entscheidet das Patentamt durch Beschluß, ob die Zeichen übereinstimmen.

Aus dem Unterbleiben der im ersten Absatz vorgesehenen Mittheilung erwächst ein Ersatzanspruch nicht.

Auch nach dem bisherigen Gesetz war bereits eine Prüfung der zur Anmeldung gebrachten Waarenzeichen vorgeschrieben; dieselbe erstreckte sich jedoch nur auf die Prüfung der Zeichen auf ihre gesetzliche Eintragsfähigkeit an sich. (§ 3 Abs. 2 früh. Ges.) Nunmehr ist die Prüfung nicht allein nach dieser Richtung hin vorzunehmen, sondern auf die etwaige Uebereinstimmung des angemeldeten Zeichens mit anderen für dieselben oder für gleichartige Waaren nach beiden Gesetzen angemeldeten Zeichen nunmehr nach dem 1. Okt. 98 nur nach dem vorliegenden Gesetz auszudehnen. (S. § 24). Die vergleichende Prüfung umschließt die Feststellung, ob das angemeldete Waarenzeichen mit anderen bereits eingetragenen übereinstimmt, sowie ob auch die Waaren, für welche dasselbe eingetragen werden soll, mit anderen Waaren, die durch das gleiche oder ähnliche Zeichen bereits geschützt sind, dieselben oder gleichartig sind. Bei Vergleichung der Zeichen schließen Abweichungen, welche immerhin noch die Gefahr einer Verwechselung begründen, die Uebereinstimmung nicht aus. (§ 20.)

Bei der Vergleichung des angemeldeten Zeichens mit anderen eingetragenen handelt es sich also nicht darum, daß hierbei Verschiedenheiten zu erkennen sind, sondern nur ob der Käufer einer Waare, insbesondere der weniger Gebildete, dem nicht beide Zeichen neben einander vorliegen oder vorgelegen haben, der sich nur des von ihm gesuchten Zeichens erinnert, durch das andere Zeichen getäuscht werden kann. Dabei ist es ganz gleich, ob das Gesammtbild die Aehnlichkeit zeigt, oder ob wesentliche Bestandtheile eines geschützten Zeichens übernommen sind, oder aus welchen Gründen immer die Gefahr der Verwechselung entspringen mag. (Komm.-Ber. zum Gesetz § 18 Bl. 94/95 S. 50.) Maßgebend für die Vergleichung wird immer der Gesammteindruck sein, den die in Betracht kommenden Zeichen zunächst für sich und dann gegen einander gehalten hervorrufen. Hierbei werden als Vergleichspunkte diejenigen Merkmale aufzufassen sein, die dem einzelnen Käufer und allmählich dem kaufenden Publikum sich am ehesten und dauerndsten einzuprägen pflegen. Die wesentlichsten charakteristischen Merkmale sind ausschlaggebend. Es sind nicht allein

Bildzeichen, sondern auch Wortzeichen mit einander, sowie Wortzeichen mit Bildzeichen und umgekehrt Bildzeichen mit Wortzeichen gegenüber zu stellen und auf Uebereinstimmung mit einander zu vergleichen. Denn beim Wortzeichen kommt es oft nicht sowohl auf den figürlichen, als vielmehr auf den klanglichen Eindruck an, der alsdann mit der namentlichen klanglichen Bezeichnung des Bildzeichens übereinstimmen kann. So ist z. B. das Wortzeichen Hahnenbräu mit Rücksicht auf das eingetragene Bildzeichen, welches einen Hahn auf einem Fasse stehend mit der Inschrift „Hahnenbräu" darstellt, nicht eintragsfähig. (Bl. 94/95 S. 233.) Eine Uebereinstimmung zweier Bildzeichen liegt namentlich dann vor, wenn denselben dasselbe Motiv innewohnt und dieses in dem einen Zeichen nur mit dekorativem oder anderem nebensächlichen Beiwerk versehen ist. (Bl. 97, 62.) Ebenso liegt eine Uebereinstimmung zweier Wortzeichen vor, auch wenn die der Bedeutung nach gleichen Worte verschiedenen Sprachen angehören, so sind „Kosmopolit" mit „Weltbürger" und „Leclair" mit „Blitz" als übereinstimmend anzusehen. (Bl. 97, 61 u. 63.)

Die Frage der Gleichartigkeit der gegenseitig in Betracht kommenden Waaren ist oft nicht leicht zu beantworten. Im allgemeinen wird man Waaren, welche ähnlich beschaffen sind, denselben Gebrauchszwecken dienen, in denselben Fabriken hergestellt, in ähnlicher Weise aufgemacht oder in denselben Geschäften vertrieben oder feilgehalten werden, für gleichartig halten können und müssen: wie z. B. Seife und Seifenpulver, Tabak und Cigarren, Kakao und Chokolade, Lack und Wichse, sogen. Colonialwaaren, Seide und Halbseide, Stahl und Eisen u. a. m.

Ein Aufgebot der angemeldeten Waarenzeichen findet nicht statt. Hat trotz der vorgeschriebenen Prüfung die Eintragung eines nicht eintragsfähigen Zeichens stattgefunden, so kann gegebenen Falles die Löschung des

Zeichens von Amtswegen oder auf Antrag eines Dritten erfolgen. (§§ 8 u. 9.)

Während alle Zeichenanmeldungen, Anträge auf Uebertragung und Widersprüche gegen Löschung durch Vorbescheid und Beschluß nach Maßgabe der Bestimmungen des Patentgesetzes (vgl. hierzu das zu § 9 Gesagte) zu erledigen sind, soll die im Abs. 1 vorgeschriebene Mittheilung (nach dem Beschluß der Kommission entgegen den Motiven) nicht mittelst „Vorbescheids" ergehen. (§ 10 Abs. 1.) Vorbescheid ist nach § 21 Abs. 2—4 des hierbei nach § 10 Abs. 1 zur Anwendung zu bringenden Patentgesetzes diejenige als „Vorbescheid" bezeichnete Verfügung, durch welche der Anmelder auf Mängel der Anmeldung hingewiesen und zu deren Beseitigung bezw. zu einer Erklärung auf die Bemängelung binnen einer bestimmten Frist unter der Verwarnung aufgefordert wird, daß im Falle nicht rechtzeitiger Erklärung die Anmeldung als zurückgenommen gelten soll. Der Widerspruch ist in schriftlicher Form zur Kenntniß des Patentamtes zu bringen. — Vgl. hierzu § 4a Kaiserl. Verordn. v. 30. Juni 94 unten unter Ausführungsbestimmungen.

§. 6.

Wird durch den Beschluß (§. 5 Absatz 1) die Uebereinstimmung der Zeichen verneint, so ist das neuangemeldete Zeichen einzutragen.

Wird durch den Beschluß die Uebereinstimmung der Zeichen festgestellt, so ist die Eintragung zu versagen. Sofern der Anmelder geltend machen will, daß ihm ungeachtet der durch die Entscheidung des Patentamts festgestellten Uebereinstimmung ein Anspruch auf die Eintragung zustehe, hat er diesen Anspruch im Wege der Klage gegenüber dem Widersprechenden zur Anerkennung zu bringen. Die Eintragung auf Grund einer zu seinen Gunsten ergehenden Entscheidung wird unter dem Zeitpunkte der ursprünglichen Anmeldung bewirkt.

Der Beschluß, in Folge dessen die Eintragung bewirkt oder abgelehnt wird, muß endgültig, d. i. mit dem auch hier nach § 10 Abs. 2 den Betheiligten u. A. dem Anmelder wie dem Widersprechenden gewährten Rechtsmittel der Beschwerde nicht mehr anfechtbar sein. Die vom Patentamt bejahte oder verneinte Uebereinstimmung der in Vergleich kommenden Zeichen stellt das Ergebniß der von ihm vorgenommenen Prüfung und Entscheidung bezüglich des angemeldeten Zeichens und der mit demselben zu kennzeichnenden Waaren dar.

Auch ohne voraufgehende Anrufung des Patentamts kann der im vorstehenden Paragraph vorgesehene Rechtsstreit, sofern die Uebereinstimmung der in Vergleich kommenden Zeichen und Waaren anerkannt oder als unbedenklich nachgewiesen wird, anhängig gemacht werden. Nur würde der Anmelder zur Vermeidung der sonst, bei sofortiger Anerkennung seines Anspruchs seitens der Gegenpartei, ihn treffenden Kostenlast nach § 89 (93) C.P.O. diese zunächst zu einer Erklärung über seinen Anspruch zu veranlassen haben. Die Klage ist nicht allein Feststellungsklage im Sinne des § 231 (256) C.P.O., daß nämlich der Beklagte nicht berechtigt sei, das widerrechtlich geführte Waarenzeichen fernerhin in Benutzung zu nehmen, sie kann auch auf die Untersagung ferneren Zuwiderhandelns unter Strafandrohung nach § 775 (890) ebendas. gerichtet werden. (O.H.G. 29. Okt. 78.)

Das gerichtliche Urtheil würde im Falle der Anerkennung der Klage dahin zu lauten haben, daß Beklagter in die Eintragung des Zeichens zu willigen oder daß dem Kläger das Recht auf Eintragung des Zeichens zustehe. Die Eintragung des klägerischen Zeichens zu verfügen, würde nicht in der Zuständigkeit des Gerichts liegen.

Die Klagen gehören vor die Kammern für Handelssachen, § 101 3c G.V.G. (sofern nicht das Amtsgericht nach § 23 [1] ebendas. zuständig ist), in letzter Instanz vor das Reichsgericht. (§ 21.)

§. 7.

Das durch die Anmeldung oder Eintragung eines Waarenzeichens begründete Recht geht auf die Erben über und kann durch Vertrag oder durch Verfügung von Todeswegen auf Andere übertragen werden. Das Recht kann jedoch nur mit dem Geschäftsbetriebe, zu welchem das Waarenzeichen gehört, auf einen Anderen übergehen. Der Uebergang wird auf Antrag des Rechtsnachfolgers in der Zeichenrolle vermerkt, sofern die Einwilligung des Berechtigten in beweisender Form beigebracht wird. Ist der Berechtigte verstorben, so ist der Nachweis der Rechtsnachfolge zu führen.

Solange der Uebergang in der Zeichenrolle nicht vermerkt ist, kann der Rechtsnachfolger sein Recht aus der Eintragung des Waarenzeichens nicht geltend machen.

Verfügungen und Beschlüsse des Patentamts, welche einer Zustellung an den Inhaber des Zeichens bedürfen, sind stets an den eingetragenen Inhaber zu richten. Ergiebt sich, daß derselbe verstorben ist, so kann das Patentamt nach seinem Ermessen die Zustellung als bewirkt ansehen oder zum Zweck der Zustellung an die Erben deren Ermittelung veranlassen.

Das Waarenzeichen bildet keinen selbständigen Vermögensgegenstand, das Recht seiner ausschließlichen Benutzung steht vielmehr dem eingetragenen Inhaber nur in seiner Eigenschaft als Inhaber eines Geschäftsbetriebes zu, dessen Waaren mit dem Zeichen versehen sind; das Zeichen bildet mit dem Geschäftsbetrieb ein untrennbares Ganzes, letzterer ist die unerläßliche gesetzliche Voraussetzung des ersteren. Es kann daher auch Jedermann die Löschung des Zeichens beantragen, wenn der Geschäftsbetrieb, zu welchem das Waarenzeichen gehört, von dem eingetragenen Inhaber nicht mehr fortgesetzt wird. (§ 9 Nr. 2.)

Die Bestimmungen rücksichtlich des Ueberganges und der Uebertragbarkeit des Waarenzeichenrechts sind den analogen Vorschriften des Patentgesetzes (§ 6) bezw. Gebrauchsmusterschutzgesetzes (§ 7) entnommen. Die einzelnen Theile des Rechts sind im § 12 angeführt. Das Recht entsteht mit der Eintragung. Durch die Anmeldung wird nur das Recht auf frühere geschäftliche Inbehandlungnahme des angemeldeten Zeichens gegenüber anderen ähnlichen oder übereinstimmenden Zeichen sowie der Anspruch auf Eintragung an sich begründet.

Die Form der Uebertragung richtet sich nach den Regeln des bürgerlichen Rechts. Die Erklärung des Ueberganges ist für die Umschreibung des Zeichens in der Zeichenrolle in beweisender Form zur Kenntniß des Amtes zu bringen. Ueber beweisende Form vgl. das zu § 3 Abs. 1 Gesagte.

Wie das Zeichenrecht des Anmelders, so entsteht auch das seines Rechtsnachfolgers erst durch die Eintragung. Durch den Uebergang bezw. die Uebertragung des Rechts entsteht für den Rechtsnachfolger zunächst nur ein Anspruch auf Eintragung.

Der Zustellung bedürfen die Verfügungen, durch welche benachrichtigt werden: der Inhaber eines eingetragenen bezw. angemeldeten Zeichens von der Uebereinstimmung des letzteren mit einem anderen später angemeldeten behufs etwaiger Widerspruchserhebung (§ 5 Abs. 1); der Inhaber eines eingetragenen Zeichens von der von Amtswegen zu erfolgenden Löschung entweder wegen Ablaufs der Benutzungsrechtsfrist oder wegen eines nach der Eintragung zu Tage getretenen Mangels der Schutzfähigkeit des Zeichens (§ 8); der Inhaber eines eingetragenen Zeichens von dem Antrage eines Dritten auf Löschung des Zeichens wegen Unterlassung der Fortsetzung des Geschäftsbetriebes, zu welchem das Zeichen gehört (§ 9 Abs. 5); sowie die Beschlüsse, durch welche ein Antrag zurückgewiesen, bezw. durch die, Widerspruchs ungeachtet, die Löschung angeordnet wird, und gegen die vom Antragsteller, bezw. vom Inhaber des Zeichens, innerhalb eines Monats Beschwerde eingelegt werden kann. (§ 10 Abs. 2.)

Ueber Form und Bewirkung der Zustellung vgl. § 10 Abs. 3.

§. 8.

Auf Antrag des Inhabers wird das Zeichen jederzeit in der Rolle gelöscht.

Von Amtswegen erfolgt die Löschung:

1. wenn seit der Anmeldung des Zeichens oder seit ihrer Erneuerung zehn Jahre verflossen sind;
2. wenn die Eintragung des Zeichens hätte versagt werden müssen.

Soll die Löschung ohne Antrag des Inhabers erfolgen, so giebt das Patentamt diesem zuvor Nachricht. Widerspricht er innerhalb eines Monats

nach der Zustellung nicht, so erfolgt die Löschung. Widerspricht er, so faßt das Patentamt Beschluß. Soll in Folge Ablaufs der zehnjährigen Frist die Löschung erfolgen, so ist von derselben abzusehen, wenn der Inhaber des Zeichens bis zum Ablauf eines Monats nach der Zustellung unter Zahlung einer Gebühr von zehn Mark neben der Erneuerungsgebühr die Erneuerung der Anmeldung nachholt; die Erneuerung gilt dann als an dem Tage des Ablaufs der früheren Frist geschehen.

Die Löschung des Zeichens ist nicht immer die Löschung des Zeichenrechts. Das Zeichen kann gelöscht sein, das Zeichenrecht dauert fort. Wenigstens dauert das Zeichenrecht aus einem gelöschten Zeichen als Recht zur Untersagung der Eintragung dieses Zeichens für die Waaren, für welche es eingetragen war, oder für gleichartige Waaren, noch zwei Jahre seit dem Tage der Löschung fort, sofern nicht der Inhaber die Löschung des Zeichens beantragt und somit oder auch in anderer Weise auf das vorerwähnte Recht ausdrücklich verzichtet. (Vgl. § 4 Abs. 2 Ges.) Im Uebrigen erlischt das Zeichenrecht nicht erst mit der Löschung in der Rolle, sondern bereits mit dem Eintritt der die Löschung begründenden Thatsache. (Vgl. § 12 Abs. 2.)

Der Antrag auf Löschung des eingetragenen Zeichens seitens des Inhabers oder seines auch nicht in der Rolle eingetragenen Rechtsnachfolgers bedarf keiner besonderen urkundlichen Form, namentlich keiner Beglaubigung, muß aber dem Patentamt, nicht einem Dritten gegenüber, ausdrücklich erklärt werden.

Der Antrag auf Löschung des Zeichens nach § 8 Abs. 1 kann z. B. wegen mangelnder Legitimation des Antragstellers abgewiesen werden, so wenn der eingetragene Inhaber in Konkurs gerathen ist und er, nicht der Verwalter, den Löschungsantrag stellt. Die Löschung des Zeichens kann trotz Widerspruchs, aber immer unter Benachrichtigung des Inhabers im Falle der §§ 8 Abs. 2 u. 3 und 9 Abs. 5 erfolgen.

Die zehnjährige Schutzfrist läuft für die Zeichen, welche nach Inkrafttreten des jetzigen Gesetzes, d. h. seit dem 1. Oktober 1894, eingetragen werden, von der Anmeldung ab; handelt es sich dagegen um Zeichen, die noch bis zum 30. September 1894 in den Zeichenregistern eingetragen waren, so ist deren Geltung (von ihrer Eintragung ab) mit dem 1. Oktober 98 erloschen, sofern das Zeichen nicht zur Neueintragung in die patentamtliche Rolle angemeldet worden ist; letzteren Falles läuft die zehnjährige Geltungsfrist des Zeichens von der Neuanmeldung ab.

Die Löschung nach Nr. 2 erfolgt, sobald die thatsächliche Voraussetzung der Zeichenversagung nach §§ 1, 4 und 23, 24 vom Patentamt endgültig festgestellt ist, aber immer erst nach voraufgegangener Benachrichtigung des Zeicheninhabers.

Ist jedoch die Eintragung eines Zeichens s. Z. trotz seiner etwaigen Uebereinstimmung mit einem anderen für dieselben oder für gleichartige Waaren eingetragenen Zeichen, nach zuvoriger Mittheilung des eingetragenen Inhabers des letzteren trotz Widerspruchs oder ohne Widerspruch desselben erfolgt, so kann nach der Praxis des Patentamts die Löschung nicht nach Nr. 2 von Amtswegen, sondern nach § 9 Ges. im Wege der gerichtlichen Klage erfolgen, da die hier in Betracht kommende Versagung nur den absoluten, nicht den relativen, d. h. den anderen eingetragenen Zeichen gegenüber bestehenden Mangel der Eintragsfähigkeit des Zeichens zur Voraussetzung hat. (Vgl. Entsch. Abth. f. W. Bl. 94/95 S. 209.)

Ueber Zustellung vgl. § 10 Abs. 3. Gegen den die Löschung des Zeichens trotz Widerspruchs des Inhabers anordnenden Beschluß steht letzterem die Beschwerde zu, während nach nicht einwandsfreier Ansicht und Praxis des Patentamts demjenigen, der die Löschung aus § 8 beantragt hat, das Rechtsmittel der Beschwerde versagt ist, da er die Löschung des Zeichens nicht sowohl zu beantragen, als vielmehr nur anzuregen befugt sei, das Gesetz aber nur dem Antragsteller das Rechtsmittel der Beschwerde zugesprochen habe. (Vgl. § 10 Abs. 2.)

§. 9.

Ein Dritter kann die Löschung eines Waarenzeichens beantragen:

1. wenn das Zeichen für ihn auf Grund einer früheren Anmeldung für dieselben oder für gleichartige Waaren in der Zeichenrolle oder in den nach Maßgabe des Gesetzes über den Markenschutz vom 30. November 1874 geführten Zeichenregistern eingetragen steht;
2. wenn der Geschäftsbetrieb, zu welchem das Waarenzeichen gehört, von dem eingetragenen Inhaber nicht mehr fortgesetzt wird;
3. wenn Umstände vorliegen, aus denen sich ergiebt, daß der Inhalt des Waarenzeichens den thatsächlichen Verhältnissen nicht entspricht und die Gefahr einer Täuschung begründet.

Hat ein nach dem Gesetze über Markenschutz vom 30. November 1874 von der Eintragung ausgeschlossenes Waarenzeichen bis zum Erlaß des gegenwärtigen Gesetzes innerhalb betheiligter Verkehrskreise als Kennzeichen der Waaren eines bestimmten Geschäftsbetriebes gegolten, so kann der Inhaber des letzteren, falls das Zeichen nach Maßgabe des gegenwärtigen Gesetzes für einen Anderen in die Zeichenrolle eingetragen wird, bis zum 1. Oktober 1895 die Löschung beantragen. Wird dem Antrage stattgegeben, so darf das Zeichen für den Antragsteller schon vor Ablauf der im §. 4 Absatz 2 bestimmten Frist in die Zeichenrolle eingetragen werden.

Der Antrag auf Löschung ist im Wege der Klage geltend zu machen und gegen den eingetragenen Inhaber oder, wenn dieser gestorben, gegen dessen Erben zu richten.

Hat vor oder nach Erhebung der Klage ein Uebergang des Waarenzeichens auf einen Anderen stattgefunden, so ist die Entscheidung in Ansehung der Sache auch gegen den Rechtsnachfolger wirksam und vollstreckbar. Auf die Befugniß des Rechtsnachfolgers, in den Rechtsstreit einzutreten, finden die Bestimmungen der §§. 63 bis 66 und 73 (jetzt §§. 66 bis 69 und 76) der Civilprozeßordnung entsprechende Anwendung.

In den Fällen des Absatz 1 Nr. 2 kann der Antrag auf Löschung zunächst bei dem Patentamt angebracht werden. Das Patentamt giebt dem als Inhaber des Waarenzeichens Eingetragenen davon Nachricht. Widerspricht derselbe innerhalb eines

Monats nach der Zustellung nicht, so erfolgt die Löschung. Widerspricht er, so wird dem Antragsteller anheimgegeben, den Anspruch auf Löschung im Wege der Klage zu verfolgen.

Zu Nr. 1 vgl. das zu § 8 Abs. 6 Gesagte.

Zur Löschungsklage nach § 9 zu Nr. 2 u. 3 ist jede rechtsfähige (physische oder juristische) Person berechtigt. (Popularklage.)

Auch der Ausländer ist klageberechtigt und bedarf nur im Falle des Klagegrundes aus Nr. 1 eines im Inlande bestellten Vertreters, während er als Beklagter aus Nr. 1—3 immer einen Vertreter haben muß. In allen Fällen muß aber die Gegenseitigkeit in gleichem Umfange zwischen dem Staate seiner Niederlassung und dem Inlande verbürgt sein. (§ 23.)

Die Klage richtet sich gegen den in der Zeichenrolle eingetragenen Inhaber, falls derselbe verstorben, gegen dessen Erben, oder falls er in Konkurs gerathen, gegen den Konkursverwalter. Ist der Uebergang des Waarenzeichens in Folge Vertrags unter Lebenden in der Zeichenrolle nicht eingetragen worden, so muß sich der eingetragene Inhaber auf die Klage einlassen; er hat jedoch das Streitverkündungsrecht gegen seinen Rechtsnachfolger, der als Streitgenosse der Hauptpartei aufzutreten umsomehr befugt ist, als die Rechtswirkung des Urtheils auch gegen ihn eintritt.

Für die Klage ist das Gericht zuständig, bei welchem der eingetragene Inhaber seinen ordentlichen Gerichtsstand hat, bezw. gegenüber dem Ausländer das Gericht, in dessen Bezirk der Vertreter desselben seinen Wohnsitz hat, und in Ermangelung des letzteren das Amts- oder Landgericht Berlin I. (§ 23 Abs. 2, § 22 (23) C.P.O.)

Der Klage auf Löschung braucht eine Aufforderung an den Gegner nicht voraufzugehen, und nur unter der Voraussetzung des Klagegrundes aus Abs. 1 Nr. 2 ist der Löschungsantrag zunächst beim Patentamt und erst, wenn hier der eingetragene Inhaber der Löschung widerspricht, beim Gericht mittels der Klage anzubringen. Die Schlichtung des Streites im Falle des Abs. 1 Nr. 2 ist in erster Linie dem Patentamt um deswillen übertragen worden, weil derselbe zumeist zu Meinungsverschiedenheiten nicht führen wird und deshalb rasch und einfach erledigt werden kann, während in den selteneren Fällen der Meinungsverschiedenheit schwierige Fragen thatsächlicher und rechtlicher Natur entstehen können, deren Erledigung den Gerichten überlassen bleiben soll.

Die Klage muß das angefochtene Zeichen, die Person des Beklagten, die einzelnen Thatsachen, die der Klage als Voraussetzung nach Abs. 1 Nr. 1—3 zu Grunde gelegt werden, sowie die Beweismittel (Zeugen, Sachverständige, Urkunden) bestimmt bezeichnen. Der Parteieid, auch über behauptete Simulation, ist hier nicht ausgeschlossen.

Die einzelnen materiellen Voraussetzungen des Löschungsklagerechts enthalten zu Nr. 1 u. 3 Thatsachen, auf Grund deren die Eintragung des Zeichens nach § 5 Abs. 1 bezw. § 4 Nr. 3 bereits bei der Anmeldung desselben hätte versagt werden müssen. Die eintretenden hindernden Thatsachen können bei der Eintragung entgangen oder erst in der Folgezeit sich herausgestellt oder entwickelt haben. Es ist somit hier eine Ergänzung und Berichtigung der dem Patentamt obliegenden Prüfung der angemeldeten Zeichen vorgesehen.

Da nach § 7 das Waarenzeichenrecht mit dem Geschäftsbetriebe, zu welchem das Zeichen gehört, untrennbar verbunden ist, so kann das Recht selbst in Folge Beendigung des Geschäftsbetriebes seitens des eingetragenen Inhabers nicht mehr fortbestehen. Es schafft somit die Aenderung sowohl in der Person des eingetragenen Inhabers als auch des Geschäftsbetriebes selbst einen Klagegrund nach Abs. 1 Nr. 2. Soll daher das eingetragene Zeichen beibehalten werden, so muß ersteren Falles die Aenderung des Inhabers eingetragen, letzteren Falles das Zeichen von Neuem zur Eintragung angewendet werden, falls es überhaupt nicht gelöscht werden soll.

Im Abs. 2 sollte auch dem nicht eingetragenen Inhaber eines Zeichens ein Löschungsrecht gegen den auf Grund des jetzigen Gesetzes eingetragenen Inhaber desselben Zeichens gegeben sein. Der ältere Besitzstand sollte, auch wenn er gesetzlichen Schutz nicht erlangt hatte, geschützt sein. (R.G. 23. Mai 96, Bl. 96, 328.) Dem tadellosen älteren Besitzstand war die Priorität gegenüber einer späteren Eintragung gewährleistet, jedoch nur als Uebergangsbestimmung in zeitlicher Beschränkung. Von der Eintragung ausgeschlossen konnte das nicht eingetragene Zeichen nach dem bisherigen Gesetz gewesen sein, entweder weil es an sich z. B. als Wort nach § 3 des früheren Gesetzes überhaupt nicht eintragsfähig war, oder weil der Inhaber nicht Gewerbetreibender, oder zwar Gewerbetreibender war, aber z. B. als Handwerker, Landwirth, Gärtner Inhaber einer im Handelsregister eingetragenen Firma nicht sein konnte. Für die Geltung eines Waarenzeichens als Kennzeichen von Waaren, die in das Ausland gehen, kommt übrigens auch der ausländische Verkehr in Betracht. (O.H.G. 18. Okt. 78.) Immer kommt aber nur ein tadelloser Besitzstand in Betracht, der von besser berechtigter Seite nicht bestritten war. (O.H.G. 5. Juni 77.) Indessen hat obige Bestimmung mit dem 1. Okt. 95 ihre Bedeutung verloren.

Nur die Zeichen bestimmter Gewerbetreibender, nicht sogen. Kollektivzeichen, die nach Belieben von gewissen Kreisen eines ganzen Bezirks geführt werden, traf die Vorschrift des Abs. 2. Danach konnten mehrere Gewerbetreibende zur Führung eines Zeichens berechtigt sein. (R.G. 11. Jan. 81.) Die Identität des von der Eintragung bisher ausgeschlossenen und des angefochtenen eingetragenen Zeichens hatte der Inhaber des ersteren, als Kläger, zu beweisen.

§. 10

Anmeldungen von Waarenzeichen, Anträge auf Uebertragung und Widersprüche gegen die Löschung derselben werden in dem für Patentangelegenheiten maßgebenden Verfahren durch Vorbescheid und Beschluß erledigt. In den Fällen des §. 5 Absatz 1 wird ein Vorbescheid nicht erlassen.

Gegen den Beschluß, durch welchen ein Antrag zurückgewiesen wird, kann der Antragsteller, und gegen den Beschluß, durch welchen Widerspruchs ungeachtet die Löschung angeordnet wird, der Inhaber des Zeichens innerhalb eines Monats nach der Zustellung bei dem Patentamt Beschwerde einlegen.

Zustellungen, welche die Eintragung, die Uebertragung oder die Löschung eines Waarenzeichens betreffen, erfolgen mittelst eingeschriebenen Briefes. Kann eine Zustellung im Inlande nicht erfolgen, so wird sie durch Aufgabe zur Post nach Maßgabe der §§. 161, 175 der Civilprozeßordnung bewirkt.

Ueber das für Patentangelegenheiten maßgebende Verfahren vgl. §§ 20 ff. Patentgesetz, ferner Kaiserl. Verord. v. 30. Juni 94, sowie die Bestimmungen des Patentamts über Anmeldungen von Waarenzeichen vom 21. Juli 94 unten unter Ausführungsbestimmungen. Wie das patentrechtliche setzt sich auch das zeichenrechtliche Verfahren aus drei Theilen, dem Verfahren vor dem Vorprüfer, dem vor der Abtheilung und u. U. dem in der Beschwerdeinstanz zusammen. Dem Vorprüfer steht die erste Behandlung der eingegangenen Anmeldung zu, er prüft dieselbe nach der formellen und materiellen Seite hin. Zum Erlaß des Vorbescheides ist er nicht verpflichtet, sondern nur berechtigt. Unter Vorbescheid, der nur vom Vorprüfer zu erlassen und als solcher ausdrücklich zu bezeichnen ist, ist der Bescheid zu verstehen, durch welchen der Anmelder von den formellen und materiellen Mängeln der Anmeldung mit der Aufforderung benachrichtigt wird, innerhalb einer ausdrücklich gestellten, nach Lage des Falles zu bemessenden Frist sich zu äußern, widrigenfalls die Anmeldung als zurückgenommen gelte. Ueber Vorbescheid vgl. auch das zu § 5 im Abs. 5 Gesagte. Da gegen Eintritt der mit dem Vorbescheid angedrohten Rechtsfolge irgendwelches Rechtsmittel auch gegenüber außer jeder Schuld des Anmelders liegenden Thatumständen nicht gegeben ist, so soll auf Vorschlag der Kommission wenigstens im Laufe der Prüfung des angemeldeten Zeichens auf die Uebereinstimmung mit anderen früher angemeldeten Zeichen (§ 5) Vorbescheid nicht erlassen werden. Ueberhaupt hat wegen der im Vorbescheid unverkennbar liegenden Härte die Praxis dahin geführt, von ihm nur dann Gebrauch zu machen, wenn die Anmeldung an augenscheinlich irreparabelen Mängeln nach § 1 oder 4 oder auch § 23 leidet oder wenn die bisherigen Verfügungen unbeachtet geblieben sind. Erklärt sich der Anmelder in irgend einer Weise, sei es auch nur durch ein Fristgesuch, dann nimmt das Verfahren vor dem Vorprüfer seinen weiteren Verlauf, nur unterbleibt der Erlaß eines zweiten Vorbescheids. Geht dagegen eine Erklärung nicht ein, so ist die Anmeldung verfallen und nur (unter Benutzung der früheren Unterlagen) gegen Einzahlung der Anmeldungsgebühr zu wiederholen. Die Vorprüfung erstreckt sich auf Ermittelungen aller Art sowie namentlich auch erforderlichen Falls auf Anhörung des Anmelders und des Widersprechenden (§ 5).

Erachtet der Vorprüfer die Prüfung der Anmeldung für abgeschlossen, d. h. für erschöpft, dann legt er die Anmeldung der Abtheilung vor; diese prüft die Anmeldung von Neuem, nimmt ebenfalls Ermittelungen und Anhörungen vor und beschließt alsdann die Eintragung des angemeldeten Zeichens oder die Zurückweisung der Anmeldung. Hat der Vorprüfer einen Vorbescheid erlassen, so nimmt er an der Beschlußfassung nicht Theil (§ 24 Abs. 3 Patentgesetz).

Der Antrag nach Abs. 2 kann sich sowohl auf die Eintragung, Uebertragung und Löschung eines Zeichens (§§ 2 ff., 7, 8 und 9 Abs. 5) als auch (seitens des Inhabers des Widerspruchszeichens) auf Versagung der Eintragung (B.A. 24. Juni 98 Bl. 98 S. 159) beziehen, dagegen steht demjenigen, der die Löschung eines Zeichens aus § 8 Abs. 2 Nr. 2 beantragt hat, das Rechtsmittel der Beschwerde nicht zu. Vgl. das dort zu § 8 Gesagte.

Die Beschwerdefrist beginnt mit dem Tage der Zustellung und endet mit dem Ablauf des gleichbenannten Tages oder wenn dies ein Sonn- oder Feiertag ist, des nächsten Werktages. Die Frist ist präklusiv und ist weder eine Verlängerung derselben noch eine Restitution gegen ihre Verabsäumung zulässig. Die Beschwerde ist nach der Praxis des Patentamts (Bekanntm. v. 30. Nov. 94 Bd. 94/95 S. 64) gebührenpflichtig, sie ist inhaltlich unbeschränkt und braucht mit Gründen überhaupt nicht versehen zu sein, andererseits kann sie völlig neue Gründe aufstellen. Formeller Abweisungsgrund ist nur die irreparable Verspätung der Einlegung des Rechtsmittels. Wird die Beschwerdegebühr überhaupt nicht oder verspätet gezahlt, dann gilt sie als nicht erhoben. Wird die Beschwerde verspätet eingelegt, dann wird sie als unzulässig, verworfen. Eine Rückzahlung der Gebühr findet in diesem Falle ebensowenig statt als wenn die eingelegte Beschwerde zurückgenommen wird.

Auch im Beschwerdeverfahren können Ermittelungen jeder Art, u. U. auch vom Patentamt selbst (Zeugenvernehmung) vorgenommen oder veranlaßt werden. Zur Entscheidung über die Beschwerde bedarf es der Berathung und Abstimmung in einer Sitzung. Vgl. § 4b Kaiserl. Verordn. vom 30. Juni 94 unten unter Ausführungsbestimmungen.

Mit Einlegung der Beschwerde ist der Instanzenzug in dem Verfahren vor dem Patentamt erschöpft; dem abgewiesenen Antragsteller steht aber noch der Weg der gerichtlichen Klage offen, sofern es sich um die abgelehnte Eintragung eines angemeldeten Zeichens wegen dessen Uebereinstimmung mit einem Widerspruchszeichen nach § 6 Abs. 2 handelt.

Ueber Verfügungen und Beschlüsse, welche der Zustellung bedürfen, vgl. das zu § 7 Gesagte.

Uebrigens ist gegen alle im Laufe des Verfahrens ergangenen Verfügungen und Beschlüsse die im Aufsichtswege zu erledigende an keine Frist gebundene, Beschwerde statthaft, sofern nicht die Voraussetzungen des Abs. 2 vorliegen.

§. 11.

Das Patentamt ist verpflichtet, auf Ersuchen der Gerichte über Fragen, welche eingetragene Waarenzeichen betreffen, Gutachten abzugeben, sofern in dem gerichtlichen Verfahren von einander abweichende Gutachten mehrerer Sachverständigen vorliegen.

Die Bestimmung des § 11 ist dem Patentgesetz (§ 18) entlehnt. Die Erstattung sogen. Obergutachten entspricht der Stellung des Patentamts als zeichenrechtliche Zentralinstanz, als solche soll es einen Einfluß auf die Entscheidung civil- und strafrechtlicher Waarenzeichenstreitigkeiten gewährleisten.

Das im § 18 Abs. 2 des Patentgesetzes dem Patentamt auferlegte Verbot, außerhalb seines gesetzlichen Geschäftskreises ohne Genehmigung des Reichskanzlers Beschlüsse zu fassen oder Gutachten abzugeben, ergiebt sich von selbst und ist offenbar dieserhalb in das vorstehende Gesetz nicht aufgenommen worden.

Auch auf Ersuchen der Staatsanwaltschaften sind die Gutachten abzugeben. Die abweichenden Vorgutachten müssen zu den Akten schriftlich oder protokollarisch erstattet sein. Die Qualität der Sachverständigen ist nicht zu bemängeln. Das Gutachten darf nur deutsche, in der Zeichenrolle des Patentamts eingetragene Waarenzeichen betreffen, sich niemals auf die Rechtsfrage erstrecken.

Zuständig für die Erstattung der Gutachten ist die Beschwerdeabtheilung I des Patentamts. § 2 Kaiserl. Verordn. v. 30. Juni 94 unten unter Ausführungsbestimmungen.

Von Gutachten sind Auskünfte und Aufklärungen thatsächlicher Art zu unterscheiden, diese sind unbedenklich an Behörden wie an Privatpersonen jederzeit zu ertheilen. Andererseits wird die Frage, ob ein bestimmtes Zeichen für eine bestimmte Waare eingetragen oder einzutragen sei, wegen der hiermit verbundenen Weiterungen nicht beantwortet, vielmehr wird die Anmeldung des begehrten Waarenzeichens anheimgestellt, damit alsdann die gewünschte Aufklärung gegeben werden kann.

§. 12.

Die Eintragung eines Waarenzeichens hat die Wirkung, daß dem Eingetragenen ausschließlich das Recht zusteht, Waaren der angemeldeten Art oder deren Verpackung oder Umhüllung mit dem

Waarenzeichen zu versehen, die so bezeichneten Waaren in Verkehr zu setzen, sowie auf Ankündigungen, Preislisten, Geschäftsbriefen, Empfehlungen, Rechnungen oder dergleichen das Zeichen anzubringen.

Im Falle der Löschung können für die Zeit, in welcher ein Rechtsgrund für die Löschung früher bereits vorgelegen hat, Rechte aus der Eintragung nicht mehr geltend gemacht werden.

Nicht schon durch die Anmeldung, wie nach bisherigem Recht, sondern erst durch die Eintragung des Waarenzeichens in die Zeichenrolle wird das Waarenzeichenrecht begründet, während durch die Anmeldung nur der Anspruch auf frühere geschäftliche Inbehandlungnahme der Anmeldung und event. frühere Eintragung des angemeldeten Zeichens gesichert wird.

Behufs Beseitigung aller bisherigen Bedenken, ob auch Umhüllung als Verpackung anzusehen sei, ist erstere als Zeichenobjekt ausdrücklich in das Gesetz aufgenommen worden. Der Begriff Umhüllung und Verpackung umfaßt jede Art der Umschließung, wie z. B. Gefäße, Kisten, Säcke, Behälter, Büchsen, sowie auch deren einzelne Bestandtheile, z. B. Stöpsel, Verschlüsse, Spunde. Um jeder in Folge des unlauteren Wettbewerbs nur erdenklichen mißbräuchlichen Benutzung des eingetragenen Waarenzeichens vorzubeugen, ist die Befugniß zu seiner Verwendung auf die einzelnen Geschäftsbetriebsgegenstände, mit denen der Geschäftsmann noch besonders in den öffentlichen Verkehr tritt, ausgedehnt worden.

Zum Schutze seines Rechts ist dem Zeicheninhaber gegen die unberechtigte Eintragung des Zeichens für einen Anderen der Anspruch auf Löschung nach § 9 Abs. 1, und gegen den unberechtigten Gebrauch des Zeichens die

Civil- bezw. Strafklage nach §§ 14 u. 18 ff. gegeben. Für ältere Zeichen, d. h. solche, welche vor dem Inkrafttreten des jetzigen Gesetzes nach Maßgabe des bisherigen Gesetzes vom 30. November 1874, also bis zum 30. September 1894, in den gerichtlichen Zeichenregistern eingetragen standen, galten noch bis zum 1. Oktober 1898 die Bestimmungen der §§ 11 u. 13 ff. jenes Gesetzes. — Besondere Zeichenrechte für die Waare, deren Verpackung oder Umhüllung, und für die übrigen genannten Betriebsgegenstände kennt das Gesetz nicht; die Zeichen gelten einheitlich für alle genannten Gegenstände.

Das ausschließliche Recht des Feilhaltens der Waare mit dem eingetragenen Zeichen ist dem Zeichenberechtigten zwar im § 12 nicht ausdrücklich eingeräumt, wohl aber im § 14 vorbehalten.

§. 13.

Durch die Eintragung eines Waarenzeichens wird niemand gehindert, seinen Namen, seine Firma, seine Wohnung, sowie Angaben über Art, Zeit und Ort der Herstellung, über die Beschaffenheit, über die Bestimmung, über Preis-, Mengen- oder Gewichtsverhältnisse von Waaren, sei es auch in abgekürzter Gestalt, auf Waaren, auf deren Verpackung oder Umhüllung anzubringen und derartige Angaben im Geschäftsverkehr zu gebrauchen.

Damit „der allgemeine Gebrauch von Herkunfts-, Qualitäts-, Preis-, Mengen- und Gewichtsangaben unter allen Umständen durch die aus einem eingetragenen Zeichen etwa herbeigeleiteten Ansprüche keine Störung erleiden kann“ (Begr. zu § 12 S. 16), soll das Zeichenrecht des eingetragenen Inhabers, unter wesentlicher Beibehaltung der auf Nützlichkeitsgründen beruhenden

Bestimmungen des bisherigen Gesetzes (§ 10), seine Beschränkung in der natürlichen Befugniß dritter Personen finden, Name, Firma, Wohnung u. s. w. zu führen, auch wenn dieselben mit denen eines eingetragenen Inhabers übereinstimmen (O.H.G. 22. Juni 76), ganz abgesehen davon, daß nach § 4 Nr. 1 Waarenzeichen, die ohne Verbindung mit Figuren oder anderen Wörtern ausschließlich nur aus Worten bestehen, welche die im § 13 genannten Angaben enthalten, überhaupt zwar nicht eintragsfähig sind, immerhin aber eingetragen sein könnten. Vorsteh. Bestimmung bildet daher auch eine sichere Gewähr gegen die Eintragung eines Wortzeichens, welches nach § 4 Nr. 1 des Ges. nicht hätte eingetragen werden dürfen. So werden deutsche, preußische, bayerische, österreichische Gewerbetreibende mit den Worten Germania, Borussia, Bavaria, Stiria ihre Waaren, um deren Ursprung zu charakterisiren, bezeichnen dürfen, auch wenn diese Worte eingetragen sein sollten. (Entsch. B. 9. 11. April 96 [96/172], R.G. 11. März 98 [98, 113].) Ist dagegen ein eingetragenes Wortzeichen gleichzeitig bildlich ausgestaltet, so wird seine Rechtswirkung durch obige Bestimmung nicht berührt. Der vorstehend frei gegebene Gebrauch des Namens, der Firma und der Wohnung findet allerdings eine Einschränkung durch die Bestimmung des Gesetzes zur Bekämpfung des unlauteren Wettbewerbes (vom 27. Mai 96), wo nach § 8 die geschäftliche Benutzung eines Namens, einer Firma oder die besondere Bezeichnung eines Erwerbsgeschäftes, die zur Hervorrufung von Verwechselungen berechnet und geeignet ist, untersagt ist.

Ist ein Familienwappen als Waarenzeichen für einen Dritten eingetragen, so werden sich die Angehörigen derselben Familie für die Mitbenutzung des Wappens zum Zwecke der Waarenbezeichnung auf den vorstehenden Paragraphen nicht berufen können. (Vgl. Landger. Hamburg, 29. Mai 1896 Bl. 96, 367.)

§. 14.

Wer wissentlich oder aus grober Fahrlässigkeit Waaren oder deren Verpackung oder Umhüllung, oder Ankündigungen, Preislisten, Geschäftsbriefe, Empfehlungen, Rechnungen oder dergleichen mit dem Namen oder der Firma eines Anderen oder mit einem nach Maßgabe dieses Gesetzes geschützten Waarenzeichen widerrechtlich versieht oder dergleichen widerrechtlich gekennzeichnete Waaren in Verkehr bringt oder feilhält, ist dem Verletzten zur Entschädigung verpflichtet.

Hat er die Handlung wissentlich begangen, so wird er außerdem mit Geldstrafe von einhundertfünfzig bis fünftausend Mark oder mit Gefängniß bis zu sechs Monaten bestraft. Die Strafverfolgung tritt nur auf Antrag ein. Die Zurücknahme des Antrages ist zulässig.

Zur Beseitigung der Schwierigkeit des Nachweises der Wissentlichkeit der Rechtsverletzung ist, wie im Patent- und im Gebrauchsmusterschutzgesetz (§ 35 u. 9), auch die grobe Fahrlässigkeit als Voraussetzung der civilrechtlichen Verantwortlichkeit zugelassen worden. Der Schutz des Gesetzes kommt jedem „Andern“, also auch dem Ausländer, zu statten, sofern er die Vorbedingungen nach § 23 erfüllt hat.

Die Anfertigung eines Zeichens, ohne Verbindung mit der Waare und den anderen angegebenen Geschäftsbetriebsgegenständen, fällt nicht unter § 14 (R.G. 4. März 86). Die Worte „widerrechtlich gekennzeichnet“ haben die Bedeutung, daß zur Zeit des Inverkehrbringens oder Feilhaltens die Bezeichnung der Waare mit dem geschützten Waarenzeichen als eine widerrechtliche sich darstellen und hiervon derjenige, der sie in Verkehr bringt, Kenntniß haben mußte oder auch nur bei Anwendung geringer Aufmerksamkeit haben konnte. (Vgl. auch R.G. 30. Sept. 81.) Die Beifügung der eigenen Firma zu einem fremden Zeichen bildet nicht schon ein neues selbstständiges Zeichen und die Benutzung eines solchen Zeichens schließt noch nicht die Widerrechtlichkeit der gleichzeitigen Benutzung eines nachgebildeten Zeichens aus. Die Umstände des einzelnen Falles sind hierbei maßgebend. (R.G. 24. Dez. 79.)

In dem bloß mündlichen Gebrauch der in einem geschützten Waarenzeichen enthaltenen Worte ist, selbst wenn genau dieselben Worte gewählt sind, ein (unbefugtes) „Versehen" der eigenen Waare mit dem geschützten Zeichen nicht zu finden. (R.G. 5. Mai 98, Bl. 98, 138.)

Nur Derjenige bringt eine Waare im Inlande in Verkehr, der dieselbe thatsächlich irgendwie dem inländischen Verkehr unterwirft, nicht schon Derjenige, welcher im Inlande durch sein Thun bewirkt, daß die Waare im Auslande in den Verkehr gelangt, ohne daß dieselbe das inländische Verkehrsgebiet als solches überhaupt berührt. (R.G. 3. April 84.)

„In Verkehr bringen" ist zunächst lediglich Sache des Produzenten, bedingt aber nicht nothwendig ein Kaufgeschäft; Feilhalten ist auch Sache des Zwischenhändlers und bezweckt stets ein Kaufgeschäft; vgl. zu § 12. Denn zum Feilhalten gehört außer der thatsächlichen Bereitstellung der Waare auch der Wille des Besitzers, den Gegenstand zum Verkauf darzubieten. Die Ausstellung allein ohne Feilhalten fällt noch nicht unter den Begriff „Inverkehrbringen", wohl aber kennzeichnet die Aufstellung von Waaren in einem offenen, zum Verkauf gleichartiger Gegenstände bestimmten Laden ein Bereit=

halten der Sache für den Verkauf und damit ein Feilhalten. (R.G. 13. Jan. 87.)

Die Entschädigung kann sowohl im Wege der Civilklage als auch mittels der im § 18 vorgesehenen strafprozeßrechtlichen Nebenklage auf Geldbuße beansprucht werden. Vgl. § 18.

Der strafbare Eingriff in fremdes Waarenzeichenrecht kann nur durch vollständige und dauerhafte Tilgung fremder Waarenbezeichnungen ausgeschlossen werden, so daß es z. B. nicht genügen würde, wenn zu dem Zeitpunkte, wo der Beschuldigte die Waare in Verkehr gebracht hat, das fremde Zeichen infolge einer verhüllenden Vorrichtung (Ueberkleben) sich nicht wahrnehmen ließ. (R.G. 27. Juni 98. Bl. 98, 200.)

Für den subjektiven Thatbestand des Vergehens nach § 14 Abs. 2 bildet zwar die Wissentlichkeit ein Hauptersorderniß, d. h. daß der Thäter weiß, das Waarenzeichen sei geschützt, es ist nicht das Bewußtsein erforderlich, daß der Gebrauch des Zeichens geeignet sei, eine Täuschung der Abnehmer herbeizuführen. (R.G. 13. Jan. u. 22. April 97. Bl. 97, 109 u. 134.) Es genügt aber auch schon, wenn der Thäter auch nur das Bewußtsein erlangt hat, das fragliche Waarenzeichen könne unter gesetzlichem Schutze stehen, und er mit dem sogen. dolus eventualis dieses von ihm als möglich vorausgesetzte Schutzrecht wissentlich verletzt. Ebensowenig schließt ein Irrthum über die Strafbarkeit, die subjektive Ansicht von der Strafbarkeit, den dolus aus, und der selbst gute, wenngleich irrthümliche Glaube an eine civilrechtliche Befugniß zur Benutzung eines fremden Waarenzeichens schützt nur dann vor Strafe, wenn der Thäter sich in Folge dessen in Unkenntniß über das Vorhandensein eines Thatumstandes befunden hat, welcher zum Thatbestande des § 14 gehört. (R.G.St. 18. April 82, 18. Sept. 84, 1. März 87.) Vgl. auch § 59 St.G.B.

Ebenso wird eine Waarenzeichenverletzung dadurch nicht ausgeschlossen, daß der Beschuldigte seine Firma mit einem Zusatz hat eintragen lassen, der das für einen Andern eingetragene Wortzeichen enthält. (R.G. 18. März 97. Bl. 97, 109.)

In der Verwendung von Krügen oder Flaschen, die mit der eingetragenen Firma oder dem eingetragenen Waarenzeichen eines Anderen versehen sind, zum Abfüllen oder Verabreichen anderer Getränke ist unbedenklich ein Verstoß gegen § 14 zu erblicken. (Vgl. auch R.G. 16. Mai 96 Bl. 96, 247, Landg. Breslau 17. Mai 95, Bl. 94/95, 260.)

Die Wissentlichkeit setzt die Absicht, selbst Gewinn zu machen oder andere zu schädigen, nicht voraus, sondern nur das Bewußtsein der Widerrechtlichkeit. Von mehreren Gesellschaftern haftet nur derjenige, der wissentlich gehandelt hat; (R.G. 30. Sept. 1881.) Im Uebrigen hat der Strafrichter trotz der unbeanstandet erfolgten Eintragung, selbstständig zu prüfen, ob das Zeichen schutzberechtigt ist.

Auf die Strafbestimmung findet St.G.B. § 28 Abs. 2 Anwendung. Der Versuch des Vergehens nach § 14 ist nicht strafbar. (§ 43 Abs. 2 St.G.B.) Die Vollendung des Vergehens der widerrechtlichen Waarenbezeichnung ist von der Voraussetzung abhängig, daß das auf Täuschung berechnete Zeichen mit der betreffenden Waare in Verbindung gesetzt worden ist; es genügt hierfür die Absicht der widerrechtlichen Bezeichnung der Waaren und deren Verbreitung an sich nicht. (R.G.St. 4. März 86.) Uebrigens ist bei der Frage der Waarenzeichenrechtsverletzung der zum Zweck der Unkenntlichmachung auf ein zur widerrechtlichen Bezeichnung von Waaren benutztes Zeichen mittels Stempels aufgedruckten Schrift eine Bedeutung dann nicht beizumessen, wenn das betreffende geschützte Zeichen trotzdem in seiner Individualität noch erkennbar ist; ein solcher Gebrauch eines fremden Waarenzeichens ist vielmehr strafbar. (R.G. 23. Sept. 86.)

Für den Strafantrag gelten im allgemeinen § 61 ff. St.G.B. Der Strafantrag muß vom „Verletzten" ausgehen, einen Schaden braucht der Antragsteller noch nicht erlitten zu haben. Der Strafantrag kann auch unter dem Namen der schutzberechtigten Firma, nicht nur persönlich, gestellt werden, falls das Waarenzeichen ein der Firma erworbenes Recht ist. (R.G. 6. Dezember 1886.) Auch der Vertreter des Verletzten ist nunmehr, gegeb. Falles unter den Voraussetzungen des § 23, zur Stellung von Strafanträgen befugt. Dagegen ist der zum Vertriebe mit geschützten Zeichen versehener Waaren bestellte Generalagent an sich zur Stellung des Strafantrages nicht berechtigt, da der Strafantrag öffentlich-rechtlicher Natur ist und an sich zu den Handelsgeschäften nicht gehört. (R.G. 2. Juli 85.) Der Lauf der Antragsfrist bei einer längere Zeit hindurch fortgesetzten Zuwiderhandlung nach § 14 Abs. 2 beginnt, wenn die einzelnen Handlungen als ein fortgesetztes Delikt angesehen werden können, vom Tage der letzen Einzelhandlung an, auch wenn der Antragsteller von den früheren einzelnen rechtsverletzenden Thätigkeitsakten Kenntniß erhalten hat. (R.G. 18. März 87.)

§. 15.

Wer zum Zweck der Täuschung in Handel und Verkehr Waaren oder deren Verpackung oder Umhüllung, oder Ankündigungen, Preislisten, Geschäftsbriefe, Empfehlungen, Rechnungen oder dergleichen mit einer Ausstattung, welche innerhalb betheiligter Verkehrskreise als Kennzeichen gleichartiger Waaren eines Anderen gilt, ohne dessen Genehmigung versieht, oder wer zu dem gleichen Zweck derartig ge-

kennzeichnete Waaren in Verkehr bringt oder feilhält, ist dem Verletzten zur Entschädigung verpflichtet und wird mit Geldstrafe von einhundert bis dreitausend Mark oder mit Gefängniß bis zu drei Monaten bestraft. Die Strafverfolgung tritt nur auf Antrag ein. Die Zurücknahme des Antrages ist zulässig.

§§ 15 u. 16 enthalten die ersten deutschrechtlichen Vorschriften zur Bekämpfung des unlauteren Wettbewerbs. Zum subjektiven Thatbestand der in den beiden Paragraphen vorgesehenen Vergehen genügt der Zweck der Täuschung, der Irrthumserregung im Allgemeinen, ohne daß dieselbe gegen eine bestimmte Person, namentlich nicht gegen die des Abnehmers der Waare, gerichtet zu sein und eine Vermögensbeschädigung zu erstreben braucht. Nur diese und nicht auch die zum Thatbestande des Betruges nothwendigen Erfordernisse sind angeführt, offenbar, weil gerade bei diesen Handlungen die Absicht der Vermögensbeschädigung, das thatsächliche Vorhandensein der letzteren, namentlich aber der innere Zusammenhang zwischen Täuschung und Schädigung schwer nachweisbar ist. Anderenfalls würde der vom Gesetzgeber beabsichtigte Schutz des Publikums zumeist illusorisch werden. Vgl. hierzu Entscheid. R.G. v. 17. Jan. 81.

Auch der zweite Thatbestand des vorstehenden Paragraphen, das Inverkehrbringen und Feilhalten widerrechtlich ausgestatteter Waaren, ist nur erfüllt, wenn der Thäter eine Täuschung im Handel und Verkehr bezweckte. Es genügt nicht, daß die Waare zu diesem Zwecke von einem Anderen mit der Ausstattung versehen war. (R.G. 5. Nov. 96. Bl. 96. 368.)

Die Täuschung erstreckt sich im vorstehenden Paragraphen auf das Waarenzeichenrecht einer bestimmten anderen Person, auch wenn dasselbe nicht durch Eintragung in die Rolle begründet ist, sofern es nur als das Recht eines Andern von maßgebender Seite, d. h. in den betheiligten Verkehrskreisen, anerkannt ist. Der tadellose Besitzstand des Zeicheninhabers soll hier die Eintragung des Zeichens ersetzen. Der Zweck der Täuschung setzt das Bewußtsein der Widerrechtlichkeit voraus.

Zu den Ausstattungen und deren Verpackung ist Alles zu rechnen, was zur Verzierung, Aufmachung, Etikettirung u. s. w. dient. Im Sinne des § 15 sind äußere Formen der Verpackung, wie z. B. eigenartige Verschnürung von Waarenballen, Form einer Flasche, welche als ein eigenthümliches Kennzeichen eines bestimmten Geschäftsbetriebes gelten, geschützt, wenngleich dieselben als Waarenzeichen nach § 4 Nr. 1 nicht eintragsfähig sein mögen. Der Schutz des § 15 ist ausgedehnter als der nach § 14. Im Uebrigen vgl. das dort Gesagte.

§. 16.

Wer Waaren oder deren Verpackung oder Umhüllung oder Ankündigungen, Preislisten, Geschäftsbriefe, Empfehlungen, Rechnungen oder dergleichen fälschlich mit einem Staatswappen oder mit dem Namen oder Wappen eines Ortes, eines Gemeinde- oder weiteren Kommunalverbandes zu dem Zweck versieht, über Beschaffenheit und Werth der Waaren einen Irrthum zu erregen, oder wer zu dem gleichen Zweck derartig bezeichnete Waaren in Verkehr bringt oder feilhält, wird mit Geldstrafe von einhundertfünfzig bis fünftausend Mark oder mit Gefängniß bis zu sechs Monaten bestraft.

Die Verwendung von Namen, welche nach Handelsgebrauch zur Benennung gewisser Waaren dienen,

ohne deren Herkunft bezeichnen zu sollen, fällt unter diese Bestimmung nicht.

§ 16 betrifft die zum Zwecke der Irrthumserregung über Beschaffenheit und Werth einer Waare vorgenommene Bezeichnung derselben mit einem fälschlichen örtlichen Ursprung. Zum subjektiven Thatbestand dieses Vergehens genügt auch hier wie im § 15 nur die Absicht der Täuschung an sich, ohne daß letztere gegen eine bestimmte Person gerichtet ist, und namentlich, ohne daß der rechtliche Besitzstand eines anderen, auch nicht eingetragenen Zeicheninhabers angegriffen oder das Vermögen des Abnehmers geschädigt werden soll.

Ueber die unbefugte Verwendung von Wappen vgl. zu § 4.

Die fälschliche Bezeichnung der Waaren mit Ländernamen ist um deswillen nicht verboten, weil die Verwendung der letzteren zumeist einen derartig allgemeinen Hinweis enthält, daß die Absicht einer Irrthumserregung über die Herkunft einer Waare nicht vorauszusetzen ist. (Motive.)

Falls durch unrichtige Ortsangabe nicht über den Herkunftsort, sondern über die Art der Herstellung getäuscht werden soll, kommt nicht der vorstehende § 16, sondern u. U. § 263 St.G.B. zur Anwendung. (Vgl. R.G. 14. Jan. 98 Bl. 98, 198.)

Für den Begriff „Beschaffenheit und Werth“ der Waare ist übrigens nicht der innere, sondern der Handelswerth entscheidend. (R.G. 15. Mai 96 Bl. 96, 245.)

Aus demselben Grunde sollen auch solche örtliche Benennungen, die allgemein nach Handelsbrauch für gewisse Waaren dienen, z. B. Berliner Blau, Schweinfurter Grün, Königsberger Marzipan, Hallescher Pfefferkuchen, Leipziger Allerlei u. s. w., nicht strafbar sein.

Was nach Handelsbrauch zulässig ist, wird im einzelnen Falle durch Nachfrage bei Handelskammern, Behörden, Fachvereinen festzustellen sein.

Vgl. im Uebrigen zu §§ 13 u. 14.

§. 17.

Ausländische Waaren, welche mit einer deutschen Firma und Ortsbezeichnung, oder mit einem in die Zeichenrolle eingetragenen Waarenzeichen widerrechtlich versehen sind, unterliegen bei ihrem Eingang nach Deutschland zur Einfuhr oder Durchfuhr auf Antrag des Verletzten und gegen Sicherheitsleistung der Beschlagnahme und Einziehung. Die Beschlagnahme erfolgt durch die Zoll- und Steuerbehörden, die Festsetzung der Einziehung durch Strafbescheid der Verwaltungsbehörden (§ 459 der Strafprozeßordnung).

Der erst auf Beschluß der Kommission dem Gesetz eingefügte § 17 richtet sich gegen den Ausländer oder auch Inländer, welcher ausländische, d. h. im Auslande hergestellte Waaren unter falscher Flagge in Deutschland einführt oder auch nur durchführt. Die deutsche jedoch nur die im Firmenregister eingetragene Firma muß in Verbindung mit der deutschen Ortsbezeichnung oder dem Waarenzeichen allein mißbraucht sein. Der zum Antrag berechtigte Verletzte braucht einen Schaden noch nicht erlitten zu haben, sondern nur in seinem tadellosen Besitzstand gefährdet zu sein.

Die Höhe der (vom Antragsteller) zu leistenden Sicherheit wird von der Zoll- und Steuerbehörde nach freiem Ermessen festgesetzt. Bei der Festsetzung ist derjenige Betrag zu Grunde zu legen, der den Kosten des Verfahrens und der Höhe des dem Beschuldigten in Folge des etwa später unbegründet befundenen Antrags erwachsenen Schadens entspricht. Der Antrag auf Beschlagnahme, d. i. vorläufige Sicherstellung, ist bei der zuständigen Zoll- oder Steuerbehörde zu stellen und von dieser zwar schleunigst zu prüfen, aber nicht bedingungslos, sondern erst dann zu befolgen, wenn derselbe für genügend rechtlich begründet befunden wird. Im letzteren Falle wird die Waarensendung untersucht und, falls eine Waarenzeichenverletzung im ob. Sinne als vorliegend festgestellt wird, beschlagnahmt, sowie alsdann durch Strafbescheid eingezogen. Vgl. Erlaß des Finanz-Ministers v. 4. Aug. 94 Centr. Bl. für Abgabenverwalt. Nr. 15 und Bl. 94/95 S. 12.

Ueber Erlaß von Strafbescheiden und das hieran sich knüpfende Verfahren vgl. §§ 459 bis 469 St.P.O.

§. 18.

Statt jeder aus diesem Gesetze entspringenden Entschädigung kann auf Verlangen des Beschädigten neben der Strafe auf eine an ihn zu erlegende Buße bis zum Betrage von zehntausend Mark erkannt werden. Für diese Buße haften die zu derselben Verurtheilten als Gesammtschuldner.

Eine erkannte Buße schließt die Geltendmachung eines weiteren Entschädigungsanspruchs aus.

Das Verlangen (Antrag) des Beschädigten auf Zuerkennung der Buße ist in Form der Nebenklage, d. i. einer schriftlichen Anschlußerklärung zur öffentlichen Klage bis zur Verkündung des Urtheils erster Instanz zu stellen. Der Antrag kann bis zur Verkündung des Urtheils zurückgenommen, ein zurückgenommener Antrag nicht erneuert werden. Die Zuerkennung einer Buße hat nur stattzufinden, wenn die Schädigung des Verletzten durch rechtswidrigen Gebrauch seines Waarenzeichens verursacht ist, nicht aber, wenn die Schädigung in einem ganz anderen Thatumstande zu suchen ist. (R.G. 27. Juni 98, Bl. 98, 200.)

Wird das Strafverfahren durch Freisprechung der Angeklagten oder durch Einstellung mit oder ohne Urtheil beendet, so gilt auch der Antrag ohne weitere Entscheidung für erledigt. §§ 435 ff. u. 443 ff. St.P.O.

Der Antrag auf Buße kann von dem Erben des Beschädigten weder erhoben noch weiterverfolgt werden. Ist jedoch auf die Buße rechtskräftig erkannt, so besteht ein Rechtsanspruch, der auf und gegen die Erben übergeht. (R.G. 8. Mai 86.)

Der Betrag, welcher als Buße verlangt wird, ist in seiner Höhe glaubhaft zu machen, wenn auch nicht bestimmt nachzuweisen. Es darf auf Buße überhaupt nicht erkannt werden, sofern ein Schade offenbar nicht vorliegt.

Der Höchstbetrag der event. zu erlegenden Buße ist im neuen Gesetz verdoppelt worden.

Unter Beschädigten sind nicht allein der Zeicheninhaber, sondern auch Dritte, der Käufer der Waare, der Konsument zu verstehen. Solidarische Haft tritt nur ein, wenn mehrere wegen desselben Vergehens, nicht schon, wenn sie in einem Prozeß verurtheilt sind. (R.G. 19. Nov. 81. Strfs. V, 251.)

Nur vom Strafrichter kann auf Buße erkannt werden. R.G. 14. Febr. 82. Ist jedoch der Antrag auf Zuerkennung der Buße im Strafverfahren abgelehnt worden, so kann im civilrechtlichen Verfahren der Anspruch auf Entschädigung geltend gemacht werden.

Eine bereits im Civilrechtswege erstrittene oder thatsächlich geleistete Entschädigung schließt zwar die Zuerkennung einer Buße nicht aus, darf aber jedenfalls bei

Bemessung der Buße in Betracht gezogen werden. (R.G. 29. Nov. 83.) Die Vollstreckung des die Zuerkennung der Buße aussprechenden Urtheils erfolgt nach den Vorschriften über die Vollstreckung der Urtheile der Civilgerichte. (§ 495 St.P.O.)

§. 19.

Erfolgt eine Verurtheilung auf Grund der §§. 14 bis 16, 18, so ist bezüglich der im Besitz des Verurtheilten befindlichen Gegenstände auf Beseitigung der widerrechtlichen Kennzeichnung, oder, wenn die Beseitigung in anderer Weise nicht möglich ist, auf Vernichtung der damit versehenen Gegenstände zu erkennen.

Erfolgt die Verurtheilung im Strafverfahren, so ist in den Fällen der §§. 14 und 15 dem Verletzten die Befugniß zuzusprechen, die Verurtheilung auf Kosten des Verurtheilten öffentlich bekannt zu machen. Die Art der Bekanntmachung sowie die Frist zu derselben ist in dem Urtheil zu bestimmen.

Die Bestimmungen der strafrechtlichen Einziehung nach §§ 40 u. 41 St.G.B. sind hier gegenüber den analogen Vorschriften des früheren Gesetzes (§ 17) dahin erweitert worden, daß, dem ausgedehnten Schutze des Gesetzes entsprechend, die gesammte widerrechtliche Kennzeichnung beseitigt werden soll, erforderlichen Falles unter Vernichtung aller mit derselben versehenen Waaren, und zwar von Amtswegen, nicht mehr wie bisher auf Antrag des Verletzten.

Auf die vorgedachte Vernichtung kann also auch im Civilprozeß erkannt werden (O.H.G. 29. Okt. 78). Es ist darüber jedoch im Haupturtheil, nicht nachträglich, zu erkennen. Das Erkenntniß trifft alle Sachen, die sich zur Zeit der Verurtheilung im Besitze des Verurtheilten oder eines anderen befinden, ohne daß sie denselben zu gehören brauchen.

Die Befugniß zur Veröffentlichung der strafrechtlichen Verurtheilung ist dann nicht zuzusprechen, wenn das Vergehen in idealer Konkurrenz mit Betrug verübt ist (R.G. 23. März 86, Strfs. XIV, 3).

Bei civilrechtlichen Verurtheilungen überhaupt wie bei strafrechtlichen Verurtheilungen aus § 16 (fälschliche Bezeichnung von Waaren u. s. w.) findet eine Veröffentlichung der Verurtheilung nicht statt.

Die Bekanntmachung nach Abs. 2 ist nur im Straf-, nicht auch im Civilprozeß zulässig, R G. 23. März 86. Die Art der Bekanntmachung ist in wesentlichem Punkte dem Verletzten nicht zuzuweisen, sondern vom Richter zu bestimmen.

Die Kosten trägt der Verurtheilte; R.T.B.

§. 20.

Die Anwendung der Bestimmungen dieses Gesetzes wird durch Abweichungen nicht ausgeschlossen, mit denen fremde Namen, Firmen, Zeichen, Wappen und sonstige Kennzeichnungen von Waaren wiedergegeben werden, sofern ungeachtet dieser Abweichungen die Gefahr einer Verwechselung im Verkehr vorliegt.

Bereits nach dem bisherigen Gesetz (§ 18) sollte der Schutz nicht ausgeschlossen sein, wenn Waarenzeichen, Name oder Firma mit nur bei besonderer Aufmerksamkeit wahrzunehmenden Abänderungen wiedergegeben waren. Wiewohl diese Vorschrift in der Folgezeit eine sinngemäße Auslegung in der Rechtssprechung namentlich des Reichsgerichts gefunden, so hat man doch über die

Tragweite dieser Vorschrift keinen Zweifel lassen wollen und deshalb die obige schärfere Fassung gewählt. (Begründung u. Kommissionsbericht.) Vor Allem soll vermieden werden, daß das konsumirende Publikum, dem eine Vergleichung zweier ähnlicher Waarenzeichen miteinander nur selten geboten ist, auch nur getäuscht werden kann. Namentlich kommt es darauf an, ob das Zeichen in seinem ganzen Bilde deutlich zu unterscheiden ist, nicht darauf, ob die Abänderung an sich deutlich ist. (O.H.G. 9. März und 5. Juni 77.) Für eine Entscheidung im Sinne des § 20 sind sämmtliche Abweichungen gleichzeitig in Betracht zu ziehen, da das Ergebniß ganz anders werden kann, je nachdem man die verschiedenen Abweichungen einzeln oder gruppenweise für sich betrachtet. (R.G. 14. Febr. 82.) Entscheidend wird immer der Gesammteindruck sein, welchen beide Zeichen, Waaren u. s. w. hervorrufen.

Auf alle diese Abweichungen wird sich zunächst die Prüfung der angemeldeten im Vergleich zu anderen collidirenden sowie der nachgeahmten Zeichen mit eingetragenen Zeichen nach § 5 zu erstrecken haben.

Die Gefahr einer Verwechselung ist ferner festzustellen bei Prüfung des angemeldeten Zeichens mit einem bereits bestehenden Freizeichen oder mit einem öffentlichen Wappen.

Unter Gefahr einer Verwechselung wird die rechtsgefährdende Möglichkeit der Annahme der Uebereinstimmung der in Vergleich gestellten Zeichen, Namen u. s. w. zu verstehen sein. Ob die Gefahr besteht, ist nach freiem Ermessen zu bestimmen, wobei auch die zukünftige Entwickelung der Betriebe, in denen die Zeichen Verwendung finden, zu berücksichtigen sein wird. Vgl. Entsch. R.G. 11. Jan. 96 (96, 140).

Der vorstehende Paragraph bezieht sich auch auf Ausstattung der Waaren nach § 15. (R.G. 16. Dez. 95 Bl. 175.)

§. 21.

In bürgerlichen Rechtsstreitigkeiten, in welchen durch Klage oder Widerklage ein Anspruch auf Grund dieses Gesetzes geltend gemacht ist, wird die Verhandlung und Entscheidung letzter Instanz im Sinne des §. 8 des Einführungsgesetzes zum Gerichtsverfassungsgesetze dem Reichsgericht zugewiesen.

Nach § 8 Einführ.Ges. zum Ger.Verfass.Ges. dürfen die sonst zur Zuständigkeit des Reichsgerichts gehörenden Revisionen und Beschwerden in denjenigen Bundesstaaten, wo mehrere Oberlandesgerichte (also z. B. in Bayern) bestehen, einem obersten Landesgerichte zugewiesen werden, sofern nicht, wie hier ein Reichsgesetz anderes bestimmt. Vorausgesetzt ist hierbei immer, daß die Zuständigkeit des Reichsgerichts an sich begründet ist, d. h. daß es sich um die Anfechtung einer Entscheidung eines Oberlandesgerichts handelt und der Werth des Streitgegenstandes über 1500 Mark beträgt. (§ 135 G.V.G. und § 545 ff. C.P.O.) In erster Instanz gehören die bürgerlichen, im Gegensatz zu im Strafverfahren zu erledigenden Rechtsstreitigkeiten vor die Kammern für Handelssachen (§ 101, 3c C.P.O.), sofern nicht die Amtsgerichte zuständig sind (§ 23 I ebenda). Die Vorschrift hat nur prozeßrechtliche Bedeutung; die streitigen Rechtsverhältnisse werden nicht nach Handelsrecht beurtheilt.

Die hier geltend zu machenden Ansprüche können sich auf Entschädigung wegen Zeichenrechtsverletzung (§§ 14 u. 15 Ges.), oder auf Feststellung des Umfanges des Zeichenrechts des eingetragenen Inhabers oder seines widersprechenden Gegners (§§ 12 u. 13 Ges.) oder auf Untersagung einer Zeichenbenutzung oder auf Löschung eines Zeichens (§ 9 Ges.) beziehen.

§. 22.

Wenn deutsche Waaren im Auslande bei der Einfuhr oder Durchfuhr der Verpflichtung unterliegen, eine Bezeichnung zu tragen, welche ihre deutsche Herkunft erkennen läßt, oder wenn dieselben bei der Zollabfertigung in Beziehung auf die Waarenbezeichnungen ungünstiger als die Waaren anderer Länder behandelt werden, so ist der Bundesrath ermächtigt, den fremden Waaren bei ihrem Eingang nach Deutschland zur Einfuhr oder Durchfuhr eine entsprechende Auflage zu machen, und anzuordnen, daß für den Fall der Zuwiderhandlung die Beschlagnahme und Einziehung der Waaren erfolge. Die Beschlagnahme erfolgt durch die Zoll- und Steuerbehörden, die Festsetzung der Einziehung durch Strafbescheid der Verwaltungsbehörden (§. 459 der Strafprozeßordnung).

§ 22 bringt ein Vergeltungsrecht gegen die Bestimmungen auswärtiger Staaten, zur Zeit Großbritanniens (Waarenbezeichnungsgesetz, Merchandise Marks Act v. 1887) zum Ausdruck, denen zufolge ausländische, d. s. im Ausland hergestellte und in England einzuführende Waaren der Einziehung unterliegen, sofern diese selbst, nicht allein ihre Verpackung nicht klar genug mit der Angabe des Herkunftslandes bezeichnet, namentlich nicht ausdrücklich mit den Worten „made“ oder „manufactured in Germany“ versehen sind und deshalb für inländische (englische) Waaren angesehen werden können; zur Aufstellung einer dementsprechenden Retorsionsmaßregel ist dem Bundesrath die Vollmacht in die Hände gegeben.

Von dieser Ermächtigung hat der Bundesrath jedoch bisher keinen Gebrauch gemacht.

Ueber Beschlagnahme und Einziehung vgl. dazu § 17.

§. 23.

Wer im Inlande eine Niederlassung nicht besitzt, hat auf den Schutz dieses Gesetzes nur Anspruch, wenn in dem Staate, in welchem seine Niederlassung sich befindet, nach einer im Reichs-Gesetzblatt enthaltenen Bekanntmachung deutsche Waarenbezeichnungen in gleichem Umfange wie inländische Waarenbezeichnungen zum gesetzlichen Schutz zugelassen werden.

Der Anspruch auf Schutz eines Waarenzeichens und das durch die Eintragung begründete Recht können nur durch einen im Inlande bestellten Vertreter geltend gemacht werden. Der letztere ist zur Vertretung in dem nach Maßgabe dieses Gesetzes vor dem Patentamt stattfindenden Verfahren, sowie in den das Zeichen betreffenden bürgerlichen Rechtsstreitigkeiten und zur Stellung von Strafanträgen befugt. Für die das Zeichen betreffenden Klagen gegen den eingetragenen Inhaber ist das Gericht zuständig, in dessen Bezirk der Vertreter seinen Wohnsitz hat, in dessen Ermangelung das Gericht, in dessen Bezirk das Patentamt seinen Sitz hat.

Wer ein ausländisches Waarenzeichen zur Anmeldung bringt, hat damit den Nachweis zu verbinden, daß er in dem Staate, in welchem seine Niederlassung sich befindet, für dieses Zeichen den Markenschutz nachgesucht und erhalten hat. Die Eintragung ist, soweit nicht Staatsverträge ein Anderes bestimmen, nur dann zulässig, wenn das Zeichen den Anforderungen dieses Gesetzes entspricht.

Unter Inland ist das deutsche Reichsgebiet zu verstehen; die deutschen Schutzgebiete gehören, soweit es sich um die dortige Geltung der Reichsgesetze handelt, nicht zum Deutschen Reich, da sie mit demselben verfassungsmäßig nicht verbunden, sondern nur unter deutschen Schutz gestellt sind.

Für die Erlangung des Schutzes aus diesem Gesetz ist die Staatsangehörigkeit der Schutzsuchenden unerheblich; es ist daher auch der deutsche Reichsangehörige, der im Auslande seine Niederlassung hat, den Bestimmungen des § 23 unterworfen, falls er nicht eine Zweigniederlage im Inlande hat; denn jede gewerbliche Niederlassung, insbesondere auch eine Zweigniederlassung, genügt, um die vorstehend geforderte Vertretung entbehrlich zu machen. (R.G. 1. April 98, Bl. 98, 118.) Niederlassung ist der Sitz, der Mittelpunkt des Geschäftsbetriebes.

Für die Anwendung des § 23 ist nicht allein entscheidend, daß das Zeichen in dem ausländischen Staate überhaupt geschützt, sondern daß auch der Umfang des Schutzes der beiderseitigen Staaten derselbe ist; hört der Schutz der deutschen Waarenzeichen mit einem bestimmten Zeitpunkt auf, so endet damit auch der Schutz der fremden Waarenzeichen.

Die Bekanntmachung hat durch den Reichskanzler bezw. seinen Stellvertreter zu erfolgen. Dem Reichs-gesetzblatt steht das Bundesgesetzblatt gleich. (R.G. 17. Dez. 80.) Die Bekanntmachung setzt keinen völkerrechtlichen Vertrag voraus, sie muß nur ergeben, daß die ausländische Gesetzgebung deutschen Waarenzeichen denselben Schutz gewährt.

Der Schutz der Ausländer, d. i. derjenigen Personen, welche im Inlande eine Niederlassung nicht besitzen, kommt zur Anwendung für Belgien, Brasilien, Bulgarien, Dänemark, Frankreich, Griechenland, Großbritannien, Italien (S. unter dem nachfolg. Abs.), Luxemburg, Niederlande, Oesterreich-Ungarn (S. unter dem nachfolg. Abs.), Rumänien, Rußland, Schweden und Norwegen, Schweiz (S. unter dem nachfolg. Abs.), Serbien, Venezuela, Vereinigte Staaten von Nordamerika. (Bekanntmachung des Reichskanzlers v. 22. September 94, Bl. 94, 12.)

Dieser Vereinbarungen ungeachtet kann ein ausländisches zur Eintragung in die deutsche Zeichenrolle angemeldetes Waarenzeichen, auch wenn es in dem Staate der Niederlassung seines Anmelders nachweislich geschützt ist, erst dann eingetragen werden, wenn es den deutschrechtlichen Bestimmungen entspricht; dasselbe wird daher wie ein jedes inländische zur Eintragung angemeldete Zeichen der Prüfung auf seine Eintragsfähigkeit unterworfen und erst nach Feststellung der letzteren eingetragen, — sofern nicht Staatsverträge ein Anderes bestimmen. Letztere Vorschrift bezieht sich nicht auf die vorgenannten Vereinbarungen, sondern auf die vom Deutschen Reich mit Oesterreich-Ungarn, Italien und der Schweiz getroffenen Sonderabkommen vom 6. Dez. 91, 18. Jan. 92 bezw. 13. April 92. Diese drei Sonderabkommen weichen insofern von den oben aufgeführten Vereinbarungen mit anderen Staaten erheblich ab, als sie nicht allein die Gleichstellung der beiderseitigen Staatsangehörigen gewährleisten, sondern denselben noch weitere Vergünstigungen gewähren. So sind den gegenseitigen Staatsangehörigen alle Personen gleichgestellt, welche in dem schutzverbundenen Staate ihren Wohnsitz oder ihre Handelsniederlassung haben, auch wenn sie das Indigenat des begünstigten Staates nicht besitzen. Dieselben genießen ferner das Recht der Priorität ihres im eigenen Lande geschützten Waarenzeichens auch für das andere Staatsgebiet, sofern sie dasselbe innerhalb dreier Monate seit seiner ersten Anmeldung in dem andern Staate angemeldet haben. Das zur Anmeldung gestellte Zeichen unterliegt aber der Prüfung nach deutschem Recht wie jedes andere und kann seine Eintragung aus jedem gegebenen Rechtsgrunde abgelehnt werden. (Vgl. z. B. P.A. 5. Juni 97, Bl. 97, 193.)

Der Deutsche ebenso wie der Ausländer, der in Deutschland eine Niederlassung nicht besitzt, müssen im Inlande, d. h. einen im Inlande wohnenden, Vertreter bestellen. Für die Vollmacht bedarf es nicht der Beglaubigung. Die Vollmacht muß nach § 8 der Kaiserl. Verordnung v. 30. Juni 94. (s. unten unter Ausführungsbestimmungen) auf bestimmte prozeßfähige, mit ihrem bürgerlichen Namen bezeichnete Personen lauten. Vor Beibringung der Vollmacht unterbleibt die Eintragung des angemeldeten Waarenzeichens; ebensowenig können vor der Bestellung des neuen, an Stelle des bisherigen, in Fortfall kommenden Vertreters Rechte aus der Anmeldung oder Eintragung des Zeichens geltend gemacht werden. Ist in der Vollmacht eine bestimmte Machtbefugniß nicht angegeben, so wird angenommen, daß die Vollmacht innerhalb des gesetzlich in Abs. 2 nach außen hin festgesetzten Umfanges gelten soll.

Die Vertretung durch einen im Inlande wohnenden Vertreter ist nur im eigentlichen Waarenzeichenverfahren und bei der Geltendmachung der Rechte aus dem eingetragenen Waarenzeichen im Wege des Civilverfahrens sowie zur Stellung des Strafantrages nothwendig. Dagegen kann das für einen Ausländer eingetragene

Waarenzeichen gelöscht werden, auch wenn zeitweilig ein Vertreter des Inhabers im Inlande nicht bestellt ist.

Eine Ausdehnung der im Gesetz genannten Befugnisse des Vertreters ist zulässig, jedoch in der Vollmacht ausdrücklich anzugeben; dagegen hat eine Beschränkung der gesetzlichen Befugnisse in der Vollmacht zur Folge, daß ein Vertreter im Sinne des Gesetzes überhaupt nicht vorhanden ist; der Vertreter bleibt auch nach dem Tode des Zeicheninhabers berechtigt, so lange eine Aenderung in der Zeichenrolle nicht vermerkt ist. (R.G. 30. Nov. 85.)

Die Bestellung mehrerer Vertreter ist nur dann wirksam, wenn jeder für sich mit den gesetzlichen Befugnissen ausgestattet ist. Neben dem Vertreter kann der Vollmachtgeber selbstständig auftreten. R.G. 4. Febr. 82. Uebrigens haftet der Vertreter nicht persönlich für Kosten, welche in einem Verfahren erwachsen sind.

Die Vertretung im Sinne des Abs. 2 ist als Besorgung fremder Rechtsangelegenheiten und bei Behörden wahrzunehmender Geschäfte anzusehen und, sofern sie gewerbsmäßig betrieben wird, bei Eröffnung ihres Betriebes der zuständigen Behörde anzuzeigen, von letzterer auch zu untersagen, wenn Thatsachen vorliegen, welche die Unzuverlässigkeit des Gewerbetreibenden in Bezug auf diesen Gewerbebetrieb darthun. (§ 35 R.G.O.)

In welcher Weise der Nachweis nach Abs. 3 zu erbringen ist, hängt von dem Ermessen des Patentamts ab. (R.G. 8. Nov. 84.) Es ist mindestens beglaubigte Abschrift des zur Anmeldung in Deutschland gestellten Waarenzeichens sowie eine Bescheinigung über die im Auslandsstaate erfolgte Anmeldung und die zur Zeit noch bestehende Eintragung derselben beizubringen.

§. 24.

Auf die in Gemäßheit des Gesetzes über Markenschutz vom 30. November 1874 in die Zeichenregister eingetragenen Waarenzeichen finden bis zum 1. Ok-

tober 1898 die Bestimmungen jenes Gesetzes noch ferner Anwendung. Die Zeichen können bis zum 1. Oktober 1898 jederzeit zur Eintragung in die Zeichenrolle nach Maßgabe des gegenwärtigen Gesetzes angemeldet werden und unterliegen alsdann dessen Bestimmungen. Die Eintragung darf nicht versagt werden hinsichtlich derjenigen Zeichen, welche auf Grund eines älteren landesgesetzlichen Schutzes in die Zeichenregister eingetragen worden sind. Die Eintragung geschieht unentgeltlich und unter dem Zeitpunkte der ersten Anmeldung. Ueber den Inhalt der ersten Eintragung ist ein Zeugniß der bisherigen Registerbehörde beizubringen.

Mit der Eintragung in die Zeichenrolle oder, sofern eine solche nicht erfolgt ist, mit dem 1. Oktober 1898 erlischt der den Waarenzeichen bis dahin gewährte Schutz.

Der Schutz des mit dem 30. Sept. 94 außer Kraft tretenden bisherigen Markenschutzgesetzes besteht, um den Uebergang in die Bestimmungen des neuen Gesetzes zu erleichtern, bis zum 1. Okt. 98 für diejenigen Waarenzeichen, welche noch bis zum erstgenannten Tage nach Maßgabe jenes Gesetzes von dem Gewerbetreibenden, dessen Firma im Handelsregister eingetragen ist, nicht sowohl zur Eintragung angemeldet, als vielmehr thatsächlich eingetragen worden sind. Mit dem 1. Okt. 98 hat dieser Schutz aufgehört, es ist aber alsdann für diese Waarenzeichen auch der des neuen Gesetzes nicht eingetreten, falls dieselben nicht bis dahin zur Eintragung in die beim Patentamt geführte Zeichenrolle angemeldet waren; im Falle der Anmeldung erfolgt die Eintragung ohne Berechnung der Eintragsgebühren und unter Gewährung der bisherigen Priorität, immerhin aber erst nach Maßgabe des Ergebnisses der nach § 5 angeordneten Vorprüfung.

Aber auch diese Prüfung fällt weg rücksichtlich derjenigen Zeichen, die auf Grund eines älteren, d. i. vor dem Inkrafttreten des früheren Markenschutzgesetzes, also vor dem 1. Mai 1875 bestehenden landesgesetzlichen Schutzes in die Register eingetragen worden sind. Schon nach den Bestimmungen des gen. Gesetzes (§ 3 Abs. 1) durfte die Eintragung der in der erw. Art geschützten Waarenzeichen nicht versagt werden, und zwar nach Ansicht des Reichsgerichts (Entsch. v. 11. Febr. 82) selbst dann nicht, wenn dieselben auch den gesetzlichen Anforderungen über Beschaffenheit der Zeichen nicht entsprachen, also auch wenn die Zeichen z. B. ausschließlich in Zahlen, Buchstaben oder Worten bestanden oder ein öffentliches Wappen enthielten. Diese in Anerkennung des für gewisse Zeichen, insbesondere der rheinisch-westfälischen Eisen- und Stahlindustrie, einmal erworbenen Vermögensrechtes gegebene Ausnahmebestimmung ist aus gleichem Grunde in das neue Gesetz aufgenommen worden. Der landesgesetzliche Schutz gründete sich nicht auf die in mehreren Bundesstaaten gegen die fälschliche Bezeichnung von Waaren mit dem Namen oder der Firma eines Industriellen erlassenen Strafbestimmungen, sondern auf Verordnungen und Gesetze, welche ausdrücklich die Eintragung der zu schützenden Waarenzeichen in Zeichenregister vorschrieben oder gestatteten. In Betracht kommen also nur: für Preußen die Verordnung vom 18. August 47 zum Schutze von Fabrikzeichen an Eisen- und Stahlwaaren in der Provinz Westfalen und der Rheinprovinz sowie das Ergänzungsgesetz vom 24. April 54, für Bayern die Verordnung vom 21. Dezember 62, für das ehemal. Kurfürstenthum Hessen Kurhess. Gewerbeordn. v. 14. Febr. 27 und für Elsaß-Lothringen das französische Gesetz vom 23. Juni 57. Der Schutz des letzteren ist als landesgesetzlicher anzusehen. (R.G. 18. April 82, Strfs. VI 272 und 22. Nov. 88, Bolze VII 65.)

§. 25.

Die zur Ausführung dieses Gesetzes erforderlichen Bestimmungen über die Einrichtung und den Geschäftsgang des Patentamts, sowie über das Verfahren vor demselben werden durch Kaiserliche Verordnung unter Zustimmung des Bundesraths getroffen.

Vgl. hierüber die Ausführ.Verordn. v. 30. Juni 94, sowie die vom Patentamt über die Anmeldung von Waarenzeichen erlassene Bestimmung v. 21. Juli 94 unten unter Ausführungsbestimmungen.

§. 26.

Dieses Gesetz tritt mit dem 1. Oktober 1894 in Kraft.

Von dem gleichen Zeitpunkte ab werden Anmeldungen von Waarenzeichen auf Grund des Gesetzes über Markenschutz vom 30. November 1874 nicht mehr angenommen.

Die auf Grund der Bestimmung vom 8. Februar 75 zur Ausführung des Gesetzes über Markenschutz vom 30. November 74 eingerichteten gerichtlichen Zeichenregister sind für die zu denselben bis zum 30. September 94 angemeldeten Waarenzeichen bis zum 1. Oktober 98 für Erneuerungen und Uebertragungen weitergeführt, nunmehr aber geschlossen worden.

Urkundlich unter Unserer Höchsteigenhändigen Unterschrift und beigedrucktem Kaiserlichen Insiegel.

Gegeben Neues Palais, den 12. Mai 1894.

(L. S.) **Wilhelm.**

von Boetticher.

Anlage I.

Verordnung zur Ausführung des Gesetzes zum Schutze der Waarenbezeichnungen vom 12. Mai 1894 (Reichs-Gesetzbl. S. 441). Vom 30. Juni 1894.

(Reichs-Gesetzblatt S. 495.)

Wir Wilhelm, von Gottes Gnaden Deutscher Kaiser, König von Preußen 2c.

verordnen auf Grund der Bestimmung im §. 25 des Gesetzes zum Schutze der Waarenbezeichnungen vom 12. Mai 1894 (Reichs-Gesetzbl. S. 441) und auf Grund der Bestimmung im §. 14 des Gesetzes, betreffend den Schutz von Gebrauchsmustern, vom 1. Juni 1891 (Reichs-Gesetzbl. S. 290) im Namen des Reichs, nach erfolgter Zustimmung des Bundesraths, was folgt:

I. Waarenzeichen.

§. 1.

Für die auf Waarenzeichen bezüglichen Angelegenheiten wird in dem Patentamt eine besondere Abtheilung gebildet, welche die Bezeichnung:

Abtheilung für Waarenzeichen

führt.

Die Abtheilung besteht aus einem rechtskundigen Mitgliede als Vorsitzenden und aus Mitgliedern, welche rechtskundig oder in einem Zweige der Technik sachverständig sind. Die Zuweisung der Mitglieder an die Abtheilung erfolgt durch den Reichskanzler.

Im Falle der Verhinderung eines Mitgliedes kann der Präsident des Patentamts einem anderen Mitgliede der Behörde die Vertretung übertragen.

§. 2.

Für Beschwerden gegen die Beschlüsse der Abtheilung für Waarenzeichen, sowie für die Erstattung von Gutachten gemäß §. 11 des Gesetzes vom 12. Mai 1894 ist die Beschwerdeabtheilung I des Patentamts zuständig.

§. 3.

Die Beschlußfähigkeit der Abtheilung für Waarenzeichen ist durch die Anwesenheit von mindestens drei Mitgliedern bedingt.

Die Beschwerdeabtheilung I entscheidet über Beschwerden gegen die Beschlüsse der Abtheilung für Waarenzeichen in der Besetzung von fünf Mitgliedern, von denen mindestens zwei rechtskundig sein müssen. Soweit es sich um die Erstattung von Gutachten handelt, genügt die Anwesenheit von drei Mitgliedern.

Die Bestimmungen der Civilprozeßordnung über Ausschließung und Ablehnung der Gerichtspersonen finden entsprechende Anwendung.

Zu den Berathungen können Sachverständige, welche nicht Mitglieder sind, zugezogen werden; dieselben dürfen an den Abstimmungen nicht theilnehmen.

§. 4.

Der Berathung und Abstimmung in einer Sitzung bedarf es

a) in der Abtheilung für Waarenzeichen für die Beschlußfassung über die Versagung der Eintragung eines Waarenzeichens, sowie für Beschlüsse, welche die Uebereinstimmung von Waarenzeichen und in den Fällen des §. 8 des Gesetzes vom 12. Mai 1894 die Löschung von Waarenzeichen gegen den Widerspruch des Inhabers betreffen;

b) in der Beschwerdeabtheilung I für die Beschlußfassung auf Beschwerden gegen Beschlüsse der Abtheilung für Waarenzeichen.

§. 5.

Die Beschlüsse und Entscheidungen erfolgen im Namen des Patentamts; sie sind mit Gründen zu versehen, schriftlich auszufertigen und allen Betheiligten von Amtswegen zuzustellen.

§. 6.

Ueber die Eintragung eines Waarenzeichens in die Zeichenrolle erhält der Inhaber eine Bescheinigung.

§. 7.

Ueber Modelle, Probestücke und sonstige Unterlagen einer Anmeldung trifft, insoweit deren Aufbewahrung nicht mehr für erforderlich erachtet wird der Präsident des Patentamts im Einvernehmen mit der Abtheilung für Waarenzeichen Verfügung.

§. 8.

Im Uebrigen finden auf die Einrichtung und den Geschäftsgang des Patentamts und das Verfahren vor demselben in Angelegenheiten des Schutzes der Waarenzeichen die Bestimmungen in den §§. 4, 6, 8 bis 11, 13, 14, 25 bis 30 der Kaiserlichen Verordnung vom 11. Juli 1891 (Reichs-Gesetzbl. S. 349) entsprechende Anwendung.

Urkundlich unter Unserer Höchsteigenhändigen Unterschrift und beigedrucktem Kaiserlichen Insiegel.

Gegeben Kiel, den 30. Juni 1894,
an Bord Meiner Yacht „Hohenzollern".

(L. S.) **Wilhelm.**

von Boetticher.

Anlage II.

Bestimmungen über die Anmeldung von Waarenzeichen.

Auf Grund des § 2 Abs. 2 des Gesetzes zum Schutz der Waarenbezeichnungen, vom 12. Mai 1894 (R.G.Bl. S. 441) werden die nachfolgenden Bestimmungen über die Erfordernisse einer Waarenzeichenanmeldung erlassen. Die Bestimmungen treten am 1. Januar 1899 in Kraft.

§ 1.

Die Anmeldung eines Waarenzeichens geschieht in der Form eines schriftlichen Gesuchs, dem die sonst erforderlichen Stücke als Anlagen beizufügen sind.

Für jedes Zeichen ist eine besondere Anmeldung erforderlich.

§ 2.

Das Gesuch ist in einer Ausfertigung einzureichen und muß enthalten:

a) die Angabe des Namens und des Wohnorts oder der Hauptniederlassung des Anmelders;
b) die Angabe des Geschäftsbetriebes, in dem das Zeichen verwendet werden soll;
c) den Antrag, daß das Waarenzeichen in die Zeichenrolle eingetragen werde;

d) die Erklärung, daß die gesetzliche Gebühr von 30 Mark an die Kasse des Kaiserlichen Patentamts gezahlt worden sei oder gleichzeitig mit der Anmeldung gezahlt werde;

e) die Aufführung der Anlagen unter Angabe ihrer Nummer und ihres Inhalts;

f) falls der Anmelder einen Vertreter bestellt hat, die Angabe der Person, der Berufsstellung und des Wohnorts des Vertreters; als Anlage ist eine Vollmacht beizufügen.

g) die Unterschrift des Anmelders oder seines Vertreters.

§ 3.

Dem Gesuch ist eine Darstellung des Zeichens in zwölf Ausführungen beizufügen. Zwei davon sind derart auf zwei mit Heftrand versehenen halben Bogen anzubringen, daß jeder der beiden halben Bogen nur eine Ausführung aufweist.

Die Ausführungen müssen sauber und dauerhaft sein und die wesentlichen Bestandtheile des Zeichens deutlich erkennen lassen. Wird die Darstellung im Laufe des Verfahrens verändert, so sind vor der Eintragung neue Ausführungen einzureichen, oder es ist zu erklären, daß der Abdruck des Druckstocks als Darstellung gelten soll.

Die Größe der Darstellung darf 33 cm in der Höhe und 25 cm in der Breite nicht übersteigen.

Größere Darstellungen, wie Plakate u. dergl. werden als Probestücke behandelt. In diesem Falle sind entweder Ausführungen in kleinerem Maßstabe nachzureichen, oder es ist zu erklären, daß der Abdruck des Druckstocks als Darstellung gelten soll.

Die Darstellung darf nur einseitig bedruckt sein.

Bei Zeichen, die ausschließlich in Wörtern bestehen, kann die Beifügung der Darstellung durch Aufnahme des Wortes in das Gesuch und die Erklärung ersetzt werden, daß der Abdruck des Druckstocks als Darstellung gelten soll.

§ 4.

Dem Gesuch ist ein Verzeichniß der Waaren, für die das Zeichen bestimmt ist, in zwei Ausfertigungen beizufügen. Ist das Verzeichniß von geringem Umfang, so kann es in das Gesuch aufgenommen werden.

Das Waarenverzeichniß darf nur die in den betheiligten Verkehrskreisen gebräuchlichen Waarennamen aufführen.

§ 5.

Eine Beschreibung des Zeichens ist, wenn der Anmelder sie für erforderlich hält, oder wenn das Patentamt sie erfordert, dem Gesuch in zwei Ausfertigungen beizufügen.

§ 6.

Unter der gleichen Voraussetzung sind Modelle und Probestücke der mit dem Zeichen versehenen

Waare, sowie Nachbildungen des Zeichens in der Form, wie es im Verkehr verwendet wird, und zwar in einer Ausführung vorzulegen. Gegenstände, die leicht beschädigt werden können, sind in festen Hüllen einzureichen. Gegenstände von kleinerem Umfange sind auf steifem Papier zu befestigen.

§ 7.

Zugleich mit der Anmeldung oder auf spätere Aufforderung ist ein für die Vervielfältigung des Zeichens bestimmter Druckstock einzureichen, der das Zeichen in allen wesentlichen Theilen, einschließlich der Inschriften, deutlich und sauber wiedergiebt. Auch bei Zeichen, die ausschließlich in Wörtern bestehen, ist ein Druckstock erforderlich.

Der Druckstock muß ein Holzschnitt, eine Zinkätzung oder ein Galvano sein und eine Schrifthöhe von 2,4 cm besitzen.

Seine Größe darf 6,5 cm in Höhe und Breite nicht übersteigen. In Ausnahmefällen kann, falls die Deutlichkeit es nach dem Ermessen des Patentamts erfordert, eine größere Ausführung zugelassen werden.

Der Druckstock muß in allen Fällen aus einem Stück bestehen.

Soll ein Zeichen mehrfach eingetragen werden, so ist für jede Eintragung ein besonderer Druckstock einzureichen.

Auf Antrag kann die Anfertigung des Druckstocks oder die Nachbildung eines schon vorhandenen

Druckstocks auf Kosten des Anmelders durch das Patentamt veranlaßt werden.

Ein mittels des Druckstocks gefertigter Abdruck des Zeichens ist in zwei Ausführungen beizufügen.

§ 8.

Die Anlagen des Gesuchs, insbesondere auch Modelle, Probestücke, Nachbildungen und der Druckstock müssen mit einer ihre Zugehörigkeit zur Anmeldung kennzeichnenden Aufschrift versehen sein.

Schriftstücke, die zur Mittheilung an andere Personen bestimmt sind, sind in der dazu erforderlichen Zahl von Ausfertigungen einzureichen.

Zu allen Schriftstücken ist dauerhaftes, nicht durchscheinendes weißes Papier, zu Schriftstücken, die Anträge enthalten oder die Anmeldung selbst betreffen, Papier in der Seitengröße von 33 cm zu 21 cm zu verwenden.

Alle Schriftstücke müssen leicht lesbar sein. Die Schriftzüge müssen in dunkler Farbe ausgeführt sein. Schriftstücke, die mittels der Schreibmaschine hergestellt sind, müssen deutliche Druckzeichen und zwischen den einzelnen Buchstaben, Worten und Zeilen einen angemessenen Zwischenraum aufweisen.

Auf den später eingereichten Anmeldestücken ist der Name des Anmelders und das Aktenzeichen anzugeben.

Berlin, den 22. November 1898.

Kaiserliches Patentamt.
von Huber.

Bekanntmachung.

Durch Bekanntmachung vom heutigen Tage hat das Kaiserliche Patentamt auf Grund des § 2 des Gesetzes zum Schutz der Waarenbezeichnungen vom 12. Mai 1894 neue Bestimmungen über die Anmeldung von Waarenzeichen erlassen. Im Anschluß an diese Bestimmungen werden die nachstehenden Erläuterungen bekannt gegeben, die den Betheiligten einen weiteren Anhalt für die Anfertigung und Einreichung einer Waarenzeichenanmeldung darbieten sollen.

1. Gebühr.

Die Anmeldegebühr ist zweckmäßig entweder unmittelbar bei der Kasse des Kaiserlichen Patentamts (Berlin N.W. 6, Luisenstraße 32/34) einzuzahlen oder unter genauer Angabe der Anmeldung, für die das Geld bestimmt ist, durch Postanweisung zu übersenden.

Die Beifügung baaren Geldes als Anlage der Anmeldung ist nicht erwünscht. Wird das Geld gleichwohl beigefügt, so ist darüber in dem Gesuch ein deutlicher Vermerk in Rothschrift zu machen. Enthält eine Sendung das Geld für mehrere Anmeldungen, so ist ein besonderes Verzeichniß über die Zugehörigkeit des Geldes beizufügen.

2. Gesuch.

a) Falls der Anmelder die Rechte aus einer früheren Anmeldung in einem Staate, mit dem das Deutsche Reich einen entsprechenden Vertrag geschlossen hat, geltend machen will, soll dieser Anspruch gleichfalls in das Gesuch aufgenommen werden.

b) Zur Angabe der Person des Anmelders gehört, daß jeder Zweifel darüber ausgeschlossen wird, ob die Eintragung des Waarenzeichens von Einzelpersonen oder von einer Gesellschaft, ob von einem Manne oder von einer Frau, ob auf den bürgerlichen Namen oder auf die kaufmännische Firma nachgesucht wird. Bei Einzelpersonen ist der Rufname, bei Frauen außerdem der Familienstand und der Geburtsname anzugeben.

Die Angabe des Wohnorts muß bei größeren Städten auch Straße und Hausnummer, bei kleineren Orten und bei Orten, deren Name mehrfach vorkommt, sowie in der Regel bei ausländischen Orten den Staat und Bezirk enthalten. Dies gilt auch für den Fall, daß der Anmelder einen Vertreter bestellt hat.

c) Für den Fall der Vertretung ist zu beachten, daß nach § 8 der Kaiserlichen Verordnung vom 30. Juni 1894 die Vollmacht auf prozeßfähige, mit ihrem bürgerlichen Namen bezeichnete Personen, nicht auf eine Firma auszustellen ist.

Eine Beglaubigung der Unterschrift des Anmelders unter der Vollmacht ist nur auf besonderes Erfordern des Patentamts beizubringen.

d) Falls mehrere Personen ohne Bestellung eines gemeinsamen Vertreters anmelden, soll diejenige Person namhaft gemacht werden, der die amtlichen Verfügungen zugesandt werden sollen.

3. Modelle und Probestücke.

Bei der Einreichung von Modellen und Probestücken ist zu erklären, ob sie im Falle der Entbehrlichkeit zurückgegeben werden sollen oder vernichtet werden können.

Haben Modelle oder Probestücke einen besonderen Werth, so ist in dem Anschreiben hierauf hinzuweisen. Können sie schon durch ein unvorsichtiges Auspacken leicht beschädigt oder durch die Einwirkung von Licht, Feuchtigkeit u. dergl. verdorben werden, so ist die Umhüllung mit der deutlichen Aufschrift zu versehen: „Ungeöffnet in den Geschäftsgang."

4. Verschiedenes.

a) In allen Schriftstücken sind entbehrliche Fremdwörter zu vermeiden.

b) Schriftsätze, die mehrere Seiten umfassen, sind mit Seitenzahlen zu versehen. In allen Schriftsätzen ist an der linken Seite ein Raum von mindestens 5 cm für amtliche Vermerke frei zu lassen.

c) In allen Eingaben, zu denen Anlagen gehören, sind die Anlagen besonders aufzuzählen.

d) Die Sendungen an das Patentamt müssen kostenfrei eingehen. Bei Geld- und Packetsendungen ist die Bestellgebühr vom Absender im Voraus zu entrichten.

e) Empfangsbescheinigungen werden in der Regel nur über Anmeldungen ertheilt, und zwar nur in einer Ausfertigung. Die Ertheilung der Bescheinigung erfolgt nur dann, wenn ein Schriftstück mit folgendem Wortlaut eingesandt wird:

„Ihre Anmeldung vom . . . .
. . . . "

oder:

„Die Anmeldung von . . . .
. . . .
vom . . . .
auf nachstehendes Waarenzeichen:
(Darstellung)
ist am . . . .
hier eingegangen und unter dem Aktenzeichen . . . . in den Geschäftsgang gegeben worden."

Wird die Empfangsbescheinigung nicht auf der Rückseite einer Postkarte vorbereitet, so ist ein mit der Adresse des Empfängers versehener Briefumschlag beizufügen.

f) Ueber Gebührenbeträge, die mit der Post eingehen, wird nur auf besonderen Antrag des Einzahlers eine Quittung ertheilt.

Berlin, den 22. November 1898.

Kaiserliches Patentamt.
von Huber.

Anlage III.

Verordnung zur Ausführung des Patentgesetzes vom 7. April 1891 und des Gesetzes, betreffend den Schutz von Gebrauchsmustern, vom 1. Juni 1891.

Vom 11. Juli 1891. (Reichs=Gesetzbl. S. 349.)

Wir **Wilhelm**, von Gottes Gnaden Deutscher Kaiser, König von Preußen rc.

verordnen auf Grund der Bestimmungen im §. 17 des Patentgesetzes vom 7. April 1891 (Reichs=Gesetzbl. S. 79) und im §. 14 des Gesetzes, betreffend den Schutz von Gebrauchsmustern, vom 1. Juni 1891 (Reichs=Gesetzbl. S. 290) im Namen des Reichs, nach erfolgter Zustimmung des Bundesraths, was folgt:

§. 4.

Die Geschäftsleitung in den Anmeldeabtheilungen steht dem zum Vorsitz berufenen rechtskundigen Mitgliede, die Geschäftsleitung in den Beschwerdeabtheilungen und in der Nichtigkeitsabtheilung dem Präsidenten zu. Ueber die Vertretung des Präsidenten im Vorsitz trifft der Reichskanzler Bestimmung.

§. 6.

In den Abtheilungen trifft der Vorsitzende die für den Fortgang der Sachen erforderlichen Verfügungen.

In den Anmeldeabtheilungen bezeichnet er für jede Klasse der Anmeldungen im Voraus das Mitglied, welchem die Vorprüfung (§. 21 des Patentgesetzes) obliegt, sowie einen weiteren Berichterstatter für das Verfahren nach Erlaß des Vorbescheides.

In den Beschwerdeabtheilungen und in der Nichtigkeitsabtheilung bezeichnet der Präsident für jede Klasse im Voraus zwei Berichterstatter.

An Stelle der hiernach berufenen Mitglieder können für den einzelnen Fall andere Berichterstatter bezeichnet werden.

Die Berichterstatter halten den mündlichen Vortrag in der Sitzung und entwerfen alle Beschlüsse und Entscheidungen. Der Vorsitzende prüft die Entwürfe und stellt sie fest. Ueber sachliche Meinungsverschiedenheiten beschließt die Abtheilung.

§. 8.

Bei den Abstimmungen entscheidet die absolute Mehrheit der Stimmen, bei Stimmengleichheit die Stimme des Vorsitzenden.

Ist eine Anhörung der Betheiligten (Patentgesetz §. 25, §. 26 Absatz 3, §. 30 Absatz 2) vorhergegangen, so kann ein Mitglied, welches hierbei nicht zugegen gewesen ist, an der Abstimmung nicht theilnehmen.

§. 9.

Dem Präsidenten liegt es ob, auf eine gleichmäßige Behandlung der Geschäfte und auf die Beobachtung gleicher Grundsätze hinzuwirken. Zu diesem Behufe ist er befugt, den Berathungen aller Abtheilungen beizuwohnen, auch sämmtliche Mitglieder zu Plenarversammlungen zu vereinigen und die Berathung des Plenums über die von ihm vorgelegten Fragen herbeizuführen.

§. 10.

Die Sitzungen der Abtheilungen finden der Regel nach an bestimmten Tagen und zu bestimmten Stunden statt. Die Verfügung darüber steht dem Präsidenten zu.

§. 11.

Die Ausfertigungen der Beschlüsse und Entscheidungen der Abtheilungen erhalten die Unterschrift:

Kaiserliches Patentamt

und zusätzlich die vorschriftsmäßige Bezeichnung der Abtheilung.

§. 13.

Zeugen und Sachverständige erhalten Gebühren nach Maßgabe der Gebührenordnung vom 30. Juni 1878 (Reichs-Gesetzbl. S. 173).

§. 14.

Zu den Kosten des Verfahrens, über welche das Patentamt nach §. 26 Absatz 5 und §. 31 des Patentgesetzes zu bestimmen hat, gehören außer den aus der Kasse des Patentamts bestrittenen Auslagen diejenigen den Betheiligten erwachsenen Kosten, welche nach freiem Ermessen des Patentamts zur zweckentsprechenden Wahrung der Ansprüche und Rechte nothwendig waren.

§. 25.

Die Einrichtung der Büreaus, die Verwaltung der Kasse, der Bibliothek und der Sammlungen werden durch den Präsidenten geordnet. Der Präsident erläßt die erforderlichen Geschäftsanweisungen.

§. 26.

Die Leitung und Beaufsichtigung des gesammten Geschäftsbetriebes steht dem Präsidenten zu. Er verfügt in allen Verwaltungsangelegenheiten.

§. 27.

Sämmtliche eingehende Geschäftssachen werden, ohne Rücksicht auf ihren verschiedenen Inhalt, nach der Zeit ihres Eingangs mit einer laufenden Nummer, als Geschäftsnummer und mit dem Datum bezeichnet.

Geschäftssachen, welche während der Dienststunden eingehen, sind alsbald, andere Geschäftssachen bei dem Wiederbeginn der Dienststunden von dem dazu bestimmten Beamten hiernach zu bezeichnen. Wenn die Reihe des Eingangs nicht feststeht, so sind sie nach der Reihe, in welcher sie von dem Beamten übernommen werden, mit der Bezeichnung zu versehen.

Von zwei an demselben Tage an das Patentamt gelangten Geschäftssachen gilt diejenige als später eingegangen, welche die höhere Geschäftsnummer trägt.

§. 28.

Vertreter in Patentangelegenheiten und in Angelegenheiten des Gebrauchsmusterschutzes haben dem Patentamt gegenüber ihre Bevollmächtigung durch eine Vollmacht nachzuweisen.

Die Vollmachten müssen auf prozeßfähige, mit ihrem bürgerlichen Namen bezeichnete Personen lauten.

Sind mehrere Personen bevollmächtigt, so gelten dieselben für befugt, sowohl gemeinschaftlich als auch einzeln die Vertretung wahrzunehmen. Eine abweichende Bestimmung dürfen die Vollmachten nicht enthalten.

§. 29.

Das Patentamt kann nach seinem Ermessen von den bei ihm beruhenden Eingaben und Verhandlungen, soweit die Einsicht in dieselben gesetzlich nicht beschränkt ist, an jedermann Abschriften und Auszüge gegen Einzahlung der Kosten ertheilen.

§. 30.

Das Siegel des Patentamts enthält in der Mitte den Reichsadler und in der Umschrift die Worte „Kaiserliches Patentamt".

Urkundlich unter Unserer Höchsteigenhändigen Unterschrift und beigedrucktem Kaiserlichen Insiegel.

Gegeben Buckingham Palace London,
den 11. Juli 1891.

(L. S.) **Wilhelm.**
von Boetticher.

Anlage IV.

Waarenklassen.

1. **Ackerbau-, Forstkultur-, Gärtnerei- und Thierzucht-Erzeugnisse,** sowie Ausbeute von Fischfang und Jagd.
2. **Arzneimittel** und **Verbandstoffe** für Menschen und Thiere, Drogen, Thier- und Pflanzen-Vertilgungsmittel, Konservirungsmittel, Desinfektionsmittel.
3. **Bekleidungs-Gegenstände,** außer Pelzwaaren 12 und Spitzen 30;
   a) Hüte und andere Kopfbedeckungen, sowie Putz,
   b) Schuhwaaren,
   c) Gestrickte und gewirkte Waaren,
   d) Sonstiges (Kleider, Wäsche, Korsets, Hosenträger, Schlipse und dergl.).
4. **Beleuchtungs-, Heizungs-, Koch- und Ventilationsapparate und Geräthe.**
5. **Borsten und Borstenwaaren** (Bürsten, Besen, Schrubber, Pinsel), sowie Kämme, Schwämme, Frisirgeräthe und Verwandtes.
6. **Chemische Produkte,** außer den unter 2, 8, 11, 13, 20, 34 und 36 angeführten, sowie mineralische Rohprodukte, außer den unter 37 genannten.
7. **Dichtungs- und Packungsmaterialien,** Wärmeschutz- und Isolir-Mittel, Asbestfabrikate, Putzwolle.

8. **Dünger**, natürlicher und künstlicher.
9. **Eisen, Stahl, Kupfer** und andere Metalle, sowie Waaren aus solchen Metallen, außer den unter 4, 17, 22, 23, 32, 33 und 35 genannten:
   a) Metalle, roh oder theilweise bearbeitet.
   b) Messerschmiedswaaren (Messer, Gabeln, Sensen, Sicheln, Strohmesser, Beile, Sägen, Hieb- und Stichwaffen) und Werkzeuge (Feilen, Hämmer, Ambosse, Schraubstöcke, Hobel, Bohrer und dergl.).
   c) Nähnadeln, auch für Nähmaschinen, Heftnadeln, Stecknadeln, Haarnadeln, Fischangeln.
   d) Hufeisen und Hufnägel.
   e) Gußwaaren, emaillirte und verzinnte Waaren.
   f) Sonstige Metallwaaren.
10. **Fahrzeuge** (Wagen aller Art, einschließlich Kinder- und Krankenwagen, auch Fahrräder und Wasserfahrzeuge).
11. **Farben**, außer Malfarben und Tinten 32.
12. **Felle, Häute, Leder, Pelze und Pelzwaaren.**
13. **Firnisse, Lacke, Harze, Klebstoffe, Wichse, Bohnermasse** und dergl.
14. **Garne und Zwirne, Bindfäden, Seile** aus Faserstoffen und Metalldrähten.
15. **Gespinnstfasern** (Wolle, Baumwolle, Flachs, Hanf, Jute und dergl.) und **Polstermaterial** (Roßhaar, Seegras, Indiafaser, Bettfedern und dergl.).

16. **Getränke:**
   a) Bier,
   b) Wein und Spirituosen,
   c) Mineralwässer und kohlensaure Wässer einschließlich der Badewässer, sowie Brunnen- und Badesalze.

17. **Gold- und Silberwaaren,** echte und unechte Schmucksachen aller Art, leonische Waaren, Alfenide-, Neusilber-, Britannia-, Nickel- und Aluminiumwaaren.

18. **Gummi-, Kautschuk- und Guttaperchawaaren,** auch Rohstoffe.

19. **Hand- und Reisegeräthe** (Schirme, Stöcke, Koffer, Reisetaschen und dergl.).

20. **Heiz- und Leuchtstoffe,** sowie Schmiermittel;
   a) Kohlen, Torf, Brennholz, Koks, Briketts, Kohlenanzünder,
   b) Fette und Oele, außer den zur Nahrung bestimmten, 26 b, sowie Schmiermittel,
   c) Kerzen und Nachtlichte, sowie Dochte.

21. **Holz-, Kork-, Horn-, Schildpatt-, Elfenbein-, Meerschaum-, Celluloid-** und ähnliche Waaren, Drechsler- und Schnitzwaaren.

22. **Instrumente und Apparate** außer Musikinstrumenten 25 und Uhren 40;
   a) ärztliche und zahnärztliche Apparate, pharmaceutische, orthopädische, gymnastische Bandagen, Desinfektionsapparate u. dergl.,

b) physikalische und chemische, optische, geodätische, nautische und Meßinstrumente, Waagen, Controlapparate, photographische Apparate und dergl.

23. **Maschinen, Maschinentheile und Geräthe,** einschließlich Haus- und Küchengeräthe.

24. **Möbel und Polsterwaaren.**

25. **Musikinstrumente.**

26. **Nahrungs- und Genußmittel,** außer Getränken 16 und Taback 38;

a) Fleischwaaren, Fleischextracte, Konserven einschließlich Fruchtsäfte und Gelees und Delikatessen,

b) Eier, Milch, Butter, Käse, Kunstbutter, Speisefette und Speiseöle,

c) Kolonialwaaren (Kaffee und Kaffee-Surrogate, Thee, Zucker, Mehl, Gewürze, Essig und dergl.),

d) Kakao, Chocolade, Zuckerwaaren, sowie Back- und Konditorwaaren, einschließlich Hefe und Backpulver,

e) Sonstige Nahrungs- und Genußmittel auch für Thiere, sowie natürliches und künstliches Eis.

27. **Papier, Pappe, Carton, Papier- und Pappwaaren, Roh- und Halbstoffe zur Papierfabrikation** (Lumpen, altes Papier, Zellstoff, Holzschliff und dergl.).

28. **Photo- und lithographische Erzeugnisse**, sowie Erzeugnisse sonstiger vervielfältigender Künste und der Druckerei.
29. **Porzellan-, Töpfer- und andere Thonwaaren, Glas und Glaswaaren, Glasmosaiken, Glasuren.**
30. **Posamentier- und Tapisseriewaaren**, auch Spitzen und Tülle.
31. **Sattler-, Riemer- und Täschnerwaaren**, Lederwaaren, nicht genannte, auch Albums und Bilderständer.
32. **Schreib-, Zeichen- und Malwaaren**, einschließlich Tinte, Tusche und Malfarben, Comptoirgeräthe, einschließlich Geschäftsbücher, Schulgeräthe, Lehrmittel.
33. **Schußwaffen und Geschosse.**
34. **Seifen-, Putz- und Polirmittel**, Rostschutzmittel, Waschmittel, Parfümerien und Toilettenmittel.
35. **Spiele und Spielwaaren.**
36. **Sprengstoffe, Zündwaaren, Feuerwerkskörper.**
37. **Steine**, natürliche und künstliche, und andere Baumaterialien (Cement, Gyps, Kalk, Kies, Asphalt, Theer, Pech, Rohrgewebe und Dachpappen).
38. **Tabakfabrikate** (Cigarren, Cigaretten, Rauch-, Kau- und Schnupftabak).
39. **Teppiche und andere Fußbodenbeläge, Tischdecken, Bettdecken, Gardinen, Rouleaux, Portièren.**
40. **Uhren.**

41. **Webstoffe**, einschließlich Bänder;
a) Sammete und Plüsche,
b) leinene, halbleinene und andere Wäsche-Stoffe,
c) sonstige Webstoffe (seidene, wollene, baumwollene u. a.).

42. **Sammelwaaren.** Hier werden diejenigen Zeichen behandelt, welche für eine größere Anzahl verschiedenartiger Waaren (insbesondere Export- und Commissionswaaren) bestimmt sind.

Anlage V.

Uebereinkommen zwischen dem Reich und Oesterreich-Ungarn über den gegenseitigen Patent-, Muster- und Markenschutz.

Vom 6. Dezember 1891. (R.G.Bl. 1892 S. 289.)

Artikel 1.

Die Angehörigen des einen der vertragschließenden Theile sollen in den Gebieten des anderen in Bezug auf den Schutz von Erfindungen, von Mustern (einschließlich der Gebrauchsmuster) und Modellen, von Handels- und Fabrikmarken, von Firmen und Namen dieselben Rechte wie die eigenen Angehörigen genießen.

Artikel 2.

Den Angehörigen im Sinne dieser Vereinbarung sind gleichgestellt andere Personen, welche in den Gebieten des einen der vertragschließenden Theile ihren Wohnsitz oder ihre Hauptniederlassung haben.

Artikel 3.

Wird eine Erfindung, ein Muster oder Modell, eine Fabrik- oder Handelsmarke in den Gebieten des einen der vertragschließenden Theile behufs Erlangung des Schutzes angemeldet, und binnen einer Frist von 3 Monaten die Anmeldung auch in den Gebieten des anderen vertragschließenden Theiles bewirkt, so soll

a) diese spätere Anmeldung allen Anmeldungen vorgehen, welche in den Gebieten des anderen Theiles nach dem Zeitpunkt der ersten Anmeldung eingereicht worden sind;

b) durch Umstände, welche nach dem Zeitpunkt der ersten Anmeldung eintreten, dem Gegenstande derselben die Neuheit in den Gebieten des anderen Theiles nicht entzogen werden.

Artikel 4.

Die im Artikel 3 vorgesehene Frist beginnt:

a) bei Mustern und Modellen, sowie Handels- und Fabrikmarken mit dem Zeitpunkt, in welchem die erste Anmeldung erfolgt;

Der Tag der Anmeldung wird in die Frist nicht eingerechnet.

Artikel 6.

Dem Inhaber einer in den Gebieten des einen Theiles eingetragenen Handels- und Fabrikmarke kann die Eintragung in den Gebieten des anderen Theiles nicht aus dem Grunde versagt werden, weil die Marke den hier geltenden Vorschriften über die Zusammensetzung und äußere Gestaltung der Marken nicht entspricht.

Zu den Vorschriften über die Zusammensetzung und äußere Gestaltung der Marken werden diejenigen Vorschriften nicht gerechnet, welche in den

Marken die Verwendung von Bildnissen der Landesherren oder der Mitglieder der landesherrlichen Häuser oder von Staats- und anderen öffentlichen Wappen verbieten.

Artikel 7.

Handels- und Fabrikmarken, welche in den Gebieten des einen Theiles als Kennzeichen der Waaren von Angehörigen eines bestimmten gewerblichen Verbandes, eines bestimmten Ortes oder Bezirkes Schutz genießen, sind, sofern die Anmeldung dieser Marken vor dem 1. Oktober 1875 in den Gebieten des anderen Theiles erfolgt ist, hier von der Benutzung als Freizeichen ausgeschlossen. Außer den Angehörigen eines solchen Verbandes, Ortes oder Bezirkes hat niemand Anspruch auf Schutz dieser Marken.

Waarenzeichen, welche öffentliche Wappen aus den Gebieten des einen Theiles enthalten, sind in den Gebieten des anderen Theiles von der Benutzung als Freizeichen ausgeschlossen. Außer demjenigen, welcher die Erlaubniß zur Benutzung der Wappen besitzt, hat niemand Anspruch auf Schutz dieser Zeichen.

Artikel 8.

Jeder der vertragschließenden Theile wird, soweit dies noch nicht geschehen ist, Bestimmungen gegen den Verkauf und das Feilhalten solcher Waaren treffen, welche zum Zweck der Täuschung in Handel und Verkehr mit Staatswappen des anderen Theiles oder mit Namen oder Wappen bestimmter, in den Gebieten des anderen Theiles belegenen Orte oder Bezirke behufs Bezeichnung des Ursprungs versehen sind.

Artikel 9.

Muster und Modelle, sowie Handels- und Fabrikmarken, für welche deutsche Angehörige in der Oesterreichisch-Ungarischen Monarchie einen Schutz erlangen wollen, sind sowohl bei der Handels- und Gewerbekammer in Wien für die im Reichsrath vertretenen Königreiche und Länder, als auch bei der Handels- und Gewerbekammer in Budapest für die Länder der ungarischen Krone anzumelden.

Artikel 10.

Das gegenwärtige Uebereinkommen tritt am 1. Februar 1892 in Kraft und bleibt bis zum Ablauf von sechs Monaten nach erfolgter Kündigung von Seite eines der vertragschließenden Theile in Wirksamkeit.

Das Uebereinkommen soll ratifizirt und die Ratifikationen so bald als möglich in Wien ausgewechselt werden.

Zu Urkund dessen haben die beiderseitigen Bevollmächtigten das gegenwärtige Uebereinkommen unterzeichnet und ihre Siegel beigedrückt.

So geschehen zu Wien, den 6. Dezember 1891.

(L. S.) (Unterschriften.)

Schlußprotokoll.

Bei der am heutigen Tage erfolgten Unterzeichnung des Uebereinkommens zwischen dem Deutschen Reich und der Oesterreichisch-Ungarischen Monarchie über den gegenseitigen Patent-, Muster- und Markenschutz haben die beiderseitigen Bevollmächtigten folgende Erklärung in das gegenwärtige Protokoll niedergelegt:

Die Bestimmung im Artikel 6 Absatz 1 des Uebereinkommens bezweckt nicht, der in den Gebieten des einen Theiles eingetragenen Marke in den Gebieten des anderen Theiles auch dann einen Anspruch auf Eintragung zu gewähren, wenn hier befunden wird, daß der Inhalt der Marke gegen die Sittlichkeit oder gegen die öffentliche Ordnung verstößt, oder mit den thatsächlichen Verhältnissen in einem das Publikum irreführenden Widerspruch steht. Liegt eine dieser Voraussetzungen vor, so kann die Eintragung versagt werden.

Das gegenwärtige Protokoll, welches einen integrirenden Bestandtheil des Uebereinkommens bildet, auf das es sich bezieht, und welches ohne besondere Ratifikation durch die bloße Thatsache der Auswechselung der Ratifikationen dieses Uebereinkommens als von den vertragschließenden Theilen gebilligt und bestätigt anzusehen ist, wurde in doppelter Ausfertigung zu Wien am 6. Dezember 1891 unterzeichnet.

(L. S.) (Unterschriften.)

Anlage VI.

Verordnung des Oesterreichischen Handelsministeriums vom 8. November 1892, betreffend die Durchführung der Artikel 3 u. 4 des Uebereinkommens mit Deutschland über Patent-, Marken- und Musterschutz.

Im Einvernehmen mit dem Königlich Ungarischen Handelsministerium wird angeordnet wie folgt:

Angehörige des Deutschen Reiches, sowie die ihnen gleichgestellten Personen, welche die im Artikel 3 und 4 des genannten Uebereinkommens in der Oesterreichisch-Ungarischen Monarchie eingeräumten Rechte hinsichtlich des Schutzes ihrer Erfindungen, Gebrauchs- und Geschmacksmuster, Modelle und Marken in Anspruch nehmen, haben bei der Anmeldung in den im Reichsrathe vertretenen Königreichen und Ländern folgende Nachweise beizubringen, und zwar: 2c.

IV. Bei der Anmeldung von Marken:

a) Ein beglaubigtes Exemplar der im Deutschen Reiche überreichten Marke;

b) eine Bescheinigung über die erfolgte Eintragung dieser Marke in das Markenregister oder ein Exemplar des „Deutschen Reichs-Anzeigers" mit der Bekanntmachung der erfolgten Eintragung, und

c) eine Bescheinigung über den Tag der erfolgten Anmeldung dieser Marke, sofern nicht ein diese Angabe enthaltendes Exemplar des „Deutschen Reichsanzeigers" beigebracht wird.

Alle Beglaubigungen müssen von den für die Entgegennahme der Anmeldungen zuständigen Behörden (Kaiserlichen Patentamt oder Gericht) ausgestellt sein, und bedürfen im Sinne des Artikels I, Abs. 1 und 4 lit. c. des Legalisirungsvertrages mit dem Deutschen Reiche vom 25. Februar 1880 (R.G.Bl. Nr. 85) keiner weiteren Beglaubigung.

Diese Verordnung tritt mit dem Tage ihrer Kundmachung in Wirksamkeit.

Anlage VII.

Uebereinkommen zwischen dem Reich und Italien über den gegenseitigen Patent-, Muster- und Markenschutz.

Vom 18. Januar 1892. (R.G.Bl. S. 293.)

Artikel 1.

Die Angehörigen des einen der vertragschließenden Theile sollen in den Gebieten des anderen in Bezug auf den Schutz von Erfindungen von Mustern (einschließlich der Gebrauchsmuster) und Modellen, von Handels- und Fabrikmarken, von Firmen und Namen dieselben Rechte wie die eigenen Angehörigen genießen.

Sie werden demgemäß denselben Schutz und dieselben gesetzlichen Mittel gegen jede Verletzung ihrer Rechte haben wie die Inländer, vorausgesetzt, daß sie die Förmlichkeiten und Bedingungen erfüllen, welche die innere Gesetzgebung eines jeden der beiden Staaten den Inländern auferlegt.

Artikel 2.

Den Angehörigen im Sinne dieser Vereinbarung sind gleichgestellt andere Personen, welche in den Gebieten des einen der vertragschließenden Theile ihren Wohnsitz oder ihre Hauptniederlassung haben.

Artikel 3.

Wird eine Erfindung, ein Muster oder Modell, eine Fabrik- oder Handelsmarke in den Gebieten des einen der vertragschließenden Theile behufs Erlangung des Schutzes angemeldet, und binnen einer Frist von drei Monaten die Anmeldung auch in den Gebieten des anderen vertragschließenden Theiles bewirkt, so soll:

a) diese spätere Anmeldung allen Anmeldungen vorgehen, welche in den Gebieten des anderen Theiles nach dem Zeitpunkt der ersten Anmeldung eingereicht worden sind;

b) durch Umstände, welche nach dem Zeitpunkt der ersten Anmeldung eintreten, dem Gegenstande derselben die Neuheit in den Gebieten des anderen Theiles nicht entzogen werden.

Artikel 4.

Die im Artikel 3 vorgesehene Frist beginnt:

a) bei Mustern und Modellen, sowie bei Handels- und Fabrikmarken mit dem Zeitpunkt, in welchem die erste Anmeldung erfolgt, ...

Der Tag der Anmeldung oder der Ertheilung wird in die Frist nicht eingerechnet.

Als Tag der Ertheilung gilt der Tag, an welchem der Beschluß über die endgültige Ertheilung des Patents zugestellt worden ist.

Artikel 6.

Dem Inhaber einer in den Gebieten des einen Theiles eingetragenen Handels- und Fabrikmarke kann die Eintragung in den Gebieten des anderen

Theiles nicht aus dem Grunde versagt werden, weil die Marke den hier geltenden Vorschriften über die Zusammensetzung und äußere Gestaltung der Marken nicht entspricht.

Artikel 7.

Handels- und Fabrikmarken, welche in dem Ursprungslande im freien Gebrauch stehen, können auch in den Gebieten des anderen Theiles nicht den Gegenstand ausschließlicher Benutzung bilden.

Artikel 8.

Das gegenwärtige Uebereinkommen tritt am 1. Februar 1892 in Kraft und bleibt bis zum Ablauf von sechs Monaten nach erfolgter Kündigung von Seite eines der vertragschließenden Theile in Wirksamkeit.

Das Uebereinkommen soll ratifizirt und die Ratifikationen sobald als möglich in Rom ausgewechselt werden.

Zu Urkund dessen haben die beiderseitigen Bevollmächtigten das gegenwärtige Uebereinkommen unterzeichnet und ihre Siegel beigedrückt.

So geschehen zu Rom, den 18. Januar 1892.

(L. S.) Graf Solms.

Anlage VIII.

Uebereinkommen zwischen dem Deutschen Reich und der Schweiz, betreffend den gegenseitigen Patent-, Muster- und Markenschutz.

Vom 13. April 1892. (R.G.Bl. 1894 S. 511.)

Artikel 1. Die Angehörigen des einen der vertragschließenden Theile sollen in dem Gebiete des anderen in Bezug auf den Schutz von Erfindungen, von Mustern (einschließlich der Gebrauchsmuster) und Modellen, von Handels- und Fabrikmarken, von Firmen und Namen dieselben Rechte wie die eigenen Angehörigen genießen. Sie werden demgemäß denselben Schutz und dieselben gesetzlichen Mittel gegen jede Verletzung ihrer Rechte haben, wie die Inländer, vorausgesetzt, daß sie die Förmlichkeiten erfüllen, welche die innere Gesetzgebung eines jeden der beiden Staaten den Inländern auferlegt.

Artikel 2. Den Angehörigen im Sinne dieser Vereinbarung sind gleichgestellt andere Personen, welche in dem Gebiete des einen der vertragschließenden Theile ihren Wohnsitz oder ihre Hauptniederlassung haben.

Artikel 3. Wird eine Erfindung, ein Muster oder Modell, eine Handels- oder Fabrikmarke in dem Gebiete des einen der vertragschließenden Theile angemeldet und binnen einer Frist von drei Monaten die Anmeldung auch in dem Gebiete des anderen vertragschließenden Theiles bewirkt, so soll diese spätere Anmeldung dieselbe Wirkung haben, als wenn sie am Tage der ersten Anmeldung geschehen wäre.

Artikel 4. Die im Artikel 3 vorgesehene Frist beginnt:

a) bei Mustern und Modellen, sowie bei Handels- und Fabrikmarken mit dem Zeitpunkt, in welchem die erste Anmeldung erfolgt.

Artikel 5. Die Rechtsnachtheile, welche nach den Gesetzen der vertragschließenden Theile eintreten, wenn eine Erfindung, ein Muster oder Modell, eine Handels- oder Fabrikmarke nicht innerhalb einer bestimmten Frist ausgeführt, nachgebildet oder angewendet wird, sollen auch dadurch ausgeschlossen werden, daß die Ausführung, Nachbildung oder Anwendung in dem Gebiete des anderen Theiles erfolgt.

Die Einfuhr einer in dem Gebiete des einen Theiles hergestellten Waare in das Gebiet des anderen Theiles soll in dem letzteren nachtheilige Folgen für das auf Grund einer Erfindung, eines Musters oder Modells oder einer Handels- oder Fabrikmarke gewährte Schutzrecht nicht nach sich ziehen.

Artikel 6. Dem Inhaber einer in den Gebieten des einen Theiles eingetragenen Handels- und

Fabrikmarke kann die Eintragung in den Gebieten des anderen Theiles nicht aus dem Grunde versagt werden, weil die Marke den hier geltenden Vorschriften über die Zusammensetzung und äußere Gestaltung der Marken nicht entspricht.

Artikel 8. Jeder der vertragschließenden Theile wird, soweit dies noch nicht geschehen ist, Bestimmungen gegen den Verkauf und das Feilhalten solcher Waaren treffen, welche unrichtiger Weise und in der Absicht zu täuschen als von einem im Gebiete des anderen vertragschließenden Theiles belegenen Orte oder Bezirke herrührend bezeichnet sind.

Artikel 9. Das gegenwärtige Uebereinkommen soll ratifizirt und die Ratifikations-Urkunden sollen sobald als möglich in Berlin ausgewechselt werden.

Das Uebereinkommen tritt mit dem Ablauf von zwei Wochen von dem Tage des Austausches der Ratifikations-Urkunden ab in Kraft und bleibt in Wirksamkeit bis zum Ablauf von sechs Monaten nach erfolgter Kündigung seitens eines der vertragschließenden Theile.

Zu Urkund dessen haben die beiderseitigen Bevollmächtigten das gegenwärtige Uebereinkommen unterzeichnet und ihre Siegel beigedrückt.

So geschehen zu Berlin, den 13. April 1892.

(L. S.)

(Unterschriften.)

Schlußprotokoll.

Bei der am heutigen Tage erfolgten Unterzeichnung des Uebereinkommens zwischen dem Deutschen Reich und der Schweiz über den gegenseitigen Patent-, Muster- und Markenschutz haben die beiderseitigen Bevollmächtigten folgende Erklärungen in das gegenwärtige Protokoll niedergelegt.

1. Zu Artikel 1. Die Gleichstellung der beiderseitigen Staatsangehörigen soll hinsichtlich des Firmenschutzes auch die Wirkung haben, daß Firmen aus dem Gebiete des einen Theiles, um einen Schutz gegen mißbräuchliche Verwendung zur Waarenbezeichnung in dem Gebiete des anderen Theiles zu genießen, hier der Hinterlegung und Eintragung als Marke nicht bedürfen.

2. Zu Artikel 3. Angehörige des einen der vertragschließenden Theile, welche eine Erfindung, ein Muster oder Modell, eine Handels- oder Fabrikmarke in einem dritten Staate anmelden, können auf Grund dieser Anmeldung in dem Gebiete des anderen vertragschließenden Theiles Rechte aus dem vorliegenden Uebereinkommen nicht herleiten.

5. Zu Artikel 6. Die Bestimmung im Artikel 6 Absatz 1 des Uebereinkommens bezweckt nicht, der in den Gebieten des einen Theiles eingetragenen Marke in den Gebieten des anderen Theiles auch dann einen Anspruch auf Eintragung zu gewähren, wenn hier befunden wird, daß der Inhalt der Marke gegen die Sittlichkeit oder gegen die öffentliche Ord-

nung verstößt, oder mit den thatsächlichen Verhältnissen in einem das Publikum irreführenden Widerspruch steht. Liegt eine dieser Voraussetzungen vor, so kann die Eintragung versagt werden.

Das vorliegende Protokoll bildet einen integrirenden Bestandtheil des Uebereinkommens, auf das es sich bezieht, und ist ohne besondere Ratifikation durch die bloße Thatsache der Auswechselung der Ratifikationen dieses Uebereinkommens als von den vertragschließenden Theilen gebilligt und bestätigt anzusehen. Dasselbe wurde in doppelter Ausfertigung zu Berlin am 13. April 1892 unterzeichnet.

(Unterschriften.)

Sachregister.

A.

B.

C.

D.

E.

F.

G.

O.

P.

R.

S.

W.

Z.

Druck von Otto Walter, Berlin S.

Kolibri 360 GmbH
Ferdinand-Jühlke-Straße 7
99095 Erfurt, Deutschland
produktsicherheit@kolibri360.de